WORKBOOK

FOR

DEMOTIC GREEK I

WORKBOOK

FOR

DEMOTIC GREEK I

by

Peter Bien   John Rassias   Chrysanthi Yiannakou-Bien

providing supplementary exercises in writing and spelling,
complementing the oral/aural emphasis of the text

UNIVERSITY PRESS OF NEW ENGLAND

Hanover, New Hampshire 03755, U.S.A.

15   14   13   12   11   10   9

Audiotapes

Magnetic tapes for use in the language laboratory or at home are available. These record all the dialogues and drills, and allow students time to repeat each phrase and to respond to the drills. Inquiries concerning the tapes should be addressed to University Press of New England, Box 979, Hanover, New Hampshire 03755, U.S.A. (telephone: 603-646-3349).

Videotapes

Videotape cassettes are also available. Each half-hour program has five parts, as follows: (a) dramatization, by native actors, of the lesson in question; (b) drilling of the most important patterns in a way that makes the television viewer an active participant, not just a passive observer; (c) display of the written script on the screen, accompanied by a slow reading; (d) replay of the dramatization, this time without sound, in order to challenge the student to supply the approximate soundtrack himself as he is cued by the visual movements on the screen; (e) questions on the lesson, with time for the student to respond. Inquiries concerning the videotapes should be addressed to Media Librarian, Office of Instructional Services, North Fairbanks Hall, Dartmouth College, Hanover, New Hampshire 03755 (telephone: 603-646-3640). Please specify the exact nature of your playback equipment. Sorry, but we can supply only U.S. standard video, not European or Australian.

Computerized Instruction

The contents of this workbook are now available in computerized form as a Macintosh HyperCard stack. This requires a Macintosh Plus or better and a hard disk. Address inquiries to University Press of New England, Hanover, New Hampshire 03755 (telephone: 603-646-3349).

Credit

Art work: Rixford Owen Jennings. Typing: Dmitri Pavlakis.

ISBN 0-87451-090-2

Demotic Greek II

For information about Demotic Greek II (text, workbook, audiotapes, and teacher's manual), please write University Press of New England, Box 979, Hanover, New Hampshire 03755, U.S.A.

A	α	$\hbar$	a	A	a	
B	β	B	b	B	β	
Γ	γ	Γ	γ	Γ	γ	
Δ	δ	Δ	δ	Δ	δ	
E	ε	ϵ	ε	E	ε	
Z	ζ	Z	δ	Z	ζ	
H	η	H	n	H	n	
Θ	ϑ	θ	ϑ	θ	θ	
I	ι	I	ι	I	ι	
K	κ	K	κ	K	κ	
Λ	λ	Λ	λ	Λ	λ	
M	μ	M	μ	M	μ	
N	ν	N	ν	N	ν	
Ξ	ξ	Ξ	ξ	Ξ	ξ	
O	ο	O	o	O	o	

v

Π	π	_Π_	_π_	_Π_	_π_	___	___
Ρ	ρ	_Ρ_	_ρ_	_Ρ_	_ρ_	___	___
Σ	σ	_Σ_	_σ ς_	_Σ_	_σς_	___	___
Τ	τ	_Τ_	_τ_	_Τ_	_τ_	___	___
Υ	υ	_Υ_	_ν_	_Υ_	_υ_	___	___
Φ	φ	_Φ_	_φ_	_Φ_	_φ_	___	___
Χ	χ	_Χ_	_χ_	_Χ_	_χ_	___	___
Ψ	ψ	_Ψ_	_ψ_	_Ψ_	_ψ_	___	___
Ω	ω	_Ω_	_ω_	_Ω_	_ω_	___	___

To the student: The following exercises should be done from memory, with textbooks closed. Use pencil, so that you may correct your mistakes after the teacher has indicated them to you. The answer sheets at the rear of this volume are intended primarily for students who are working on their own, without a teacher.

I. Dialogue Recall. Fill in the blanks with the appropriate
   term(s) from the dialogue. All work should be done with the
               textbooks closed.

1. 'Εδῶ εἶναι _____ _____.

2. Αὐτός εἶναι _____ _____.

3. Αὐτή εἶναι _____ _____.

4. Αὐτός εἶναι _____ _____, ὁ _____.

5. Αὐτή εἶναι _____ _____, ἡ _____.

6. 'Ο πατέρας καί ἡ μητέρα εἶναι _____ _____.

7. 'Ο ἀδερφός καί ἡ ἀδερφή εἶναι _____ _____.

8. Οἱ γονεῖς εἶναι _____ _____ τά παιδιά.

9. Τά παιδιά εἶναι _____ _____ _____ γονεῖς.

10. Αὐτή εἶναι ἡ οἰκογένεια _____ _____ καί _____

          _____ _____.

II. Fill in the blanks with the Greek equivalent of the English
    words in parentheses:

1. 'Ο πατέρας εἶναι ἕνας _ἄνδρας_. (man)

2. 'Η μητέρα εἶναι μιά _γυναίκα_. (woman)

3. 'Ο ἀδερφός εἶναι ἕνα _αγόρι_. (boy)

4. 'Η ἀδερφή εἶναι ἕνα _κορίτσι_. (girl)

5. Αὐτή εἶναι _ἡ_ _γραβάτα_ τοῦ κυρίου Παυλάκη. (the neck-tie)

6. Αὐτό εἶναι _τό_ _παλτο_ τοῦ κυρίου Παυλάκη. (the jacket)

7. 'Η γραβάτα καί τό σακάκι εἶναι _τά ροῦχα_. (clothes, plural)

III. Answer in Greek:

1. Ποιός εἶναι ὁ πατέρας; _____

2. Ποιός εἶναι ὁ Νίκος; _____

3. Ποιά εἶναι ἡ μητέρα; _____

4. Ποιά εἶναι ἡ Μαρία; _____

5. Ποιός εἶναι ὁ ἄντρας; _____

6. Ποιό εἶναι τό ἀγόρι; _____

7. Ποιά εἶναι ἡ γυναίκα; _____

8. Ποιό εἶναι τό κορίτσι; _____

9. Ποῦ εἶναι οἱ γονεῖς; _____

10. Ποῦ εἶναι τά παιδιά; _____

IV. Supply plural forms:

1. ὁ πατέρας   _οι πατέρες_

2. ἡ μητέρα   _οι μητέρες_

3. τό παιδί   _τα παιδί_

4. ὁ ἀδερφός   <u>οι αδερφ </u>

5. ἡ ἀδερφή   <u>οι   </u>

6. ὁ ἄντρας   <u>οι αντρες </u>

7. ἡ γυναίκα   <u>οι γυναίκες</u>

8. τό κορίτσι   <u>τα κοριτσα</u>

9. ὁ καναπές   <u>   </u>

10. ἡ γραβάτα   <u>οι γραβατες</u>

11. τό σακάκι   <u>τα σακ   </u>

12. τό ροῦχο   <u>τα ρούχα </u>

13. τό ἀγόρι   <u>τα αγορια </u>

14. ἡ καρέκλα   <u>οι καρεκλες</u>

Note: All work should be done with textbooks closed.

I - Accents. Provide accents for the following, using the monotonic system
(see <u>Demotic Greek I</u>, Appendix B, pp. 270-271).

1. Αυτη ειναι η φωτογραφια απο το πρωτο μαθημα.

2. Κοντα στο βαζο ειναι μια εφημεριδα.

3. Κατω απ το τραπεζι ειναι ενα χαλι.

4. Η φωτογραφια ειναι κοντα στο παραθυρο.

II - Dialogue recall.   Fill in the blanks with the appropriate
term(s) from the dialogue.

1. Αύτή εἶναι ἡ φωτογραφία ____ ____ _____ _____.

2. Ἡ φωτογραφία αὐτή εἶναι ____ _____.

3. Ἡ φωτογραφία εἶναι _____ _____.

4. ____ _____ εἶναι _____ ____ ____ _____.

5. Ἡ φωτογραφία ____ τό παράθυρο εἶναι ____ ____ ____ _____.

6. Τό τραπέζι εἶναι _____ _____.

7. Πάνω στό τραπέζι εἶναι ____ _____ _____, ____
_____ _____ καί ἕνα ____ ____ _____.

8. Κοντά στό βάζο εἶναι ____ _____.

9. ____ ___ ___ _____ ____ _____ _____ καρέκλες.

10. Κάτω ἀπ' τό τραπέζι εἶναι _____ _____.

11. Τό δωμάτιο _____ _____.

12. Ἡ πόρτα εἶναι κοντά ____ _____ καί _____
____ ___ _____.

III - Fill in the blanks with the Greek equivalent of the English
words in parentheses:

1. Ἡ πόρτα ἔχει ἕνα _____. (doorknob)

2. Ἡ σόμπα δέν ἔχει δύο _____.(stovepipes)

3. Τό παράθυρο ἔχει τέσσερα _____. (windowpanes)

4. Πίσω ἀπό τή φωτογραφία εἶναι ἕνα _____. (nail)

5. Ἡ καρέκλα εἶναι πάνω στό _____. (floor)

6. Τό βάζο ἔχει _____. (water)

IV - Supply plural forms:

1. τό ξύλο	__ _____	6. τό παράθυρο	___ _____
2. τό ταβάνι	__ _____	7. τό χῶμα	___ _____
3. τό τραπέζι	__ _____	8. ὁ σωλήνας	___ _____
4. τό λουλούδι	__ _____	9. ὁ ἀτμός	___ _____
5. τό σπίρτο	__ _____	10. τό χαλί	___ _____

(Supply plural forms, continued)

11. τό δωμάτιο ___ _____   13. ὁ ἀδερφός ___ _____

12. ἡ πόρτα ___ _____   14. ὁ κύριος ___ _____

15. τό καρφί ___ _____

V - Verb drills:

1. 'Εσύ εἶσαι κοντά στήν πόρτα.

2. 'Εμεῖς _____ κοντά στήν πόρτα.

3. 'Εγώ _____ κοντά στήν πόρτα.

4. Αὐτός _____ κοντά στήν πόρτα.

5. Αὐτή _____ κοντά στήν πόρτα.

6. Αὐτό _____ κοντά στήν πόρτα.

7. 'Εσεῖς _____κοντά στήν πόρτα.

8. Αὐτοί _____ κοντά στήν πόρτα.

9. Αὐτές _____ κοντά στήν πόρτα.

10. Αὐτά _____ κοντά στήν πόρτα.

11. 'Εγώ ἔχω τήν ἐφημερίδα.

12. Αὐτοί _____ τήν ἐφημερίδα.

13. 'Εσύ _____ τήν ἐφημερίδα.

14. Αὐτός _____ τήν ἐφημερίδα.

15. 'Εμεῖς _____ τήν ἐφημερίδα.

16. Αὐτές _____ τήν ἐφημερίδα.

17. Αὐτή _____ τήν ἐφημερίδα.

18. 'Εσεῖς _____ τήν ἐφημερίδα.

19. Τό παιδί _____ τήν ἐφημερίδα.

20. Τά παιδιά _____ τήν ἐφημερίδα.

VI - Number drill:

1. ἕνας πατέρας

2. _____ παιδιά (two)

3. _____ μητέρα (one)

4. _____ πατώματα (five)

5. _____ γυναῖκες (three)

6. _____ ἀδερφές (four)

7. _____ ἀγόρια (three)

8. _____ ἄντρες (eight)

9. _____ βάζο (one)

10. _____ καρφιά (four)

11. _____ τοῖχοι (four)

12. _____ κουτιά (six)

13. _____ μαθήματα (nine)

14. _____ φωτογραφίες (ten)

15. _____ ἐφημερίδα (one)

16. _____ ἀδερφός (one)

VII - Answer in Greek:

1. Πόσους ἀδερφούς ἔχεις; _____

2. Πόσες ἀδερφές ἔχεις; _____

3. Πόσες ἀδερφές ἔχει ὁ Νίκος; _____

4. Πόσους ἀδερφούς ἔχει ἡ Μαρία; _____

5. Πόσες καρέκλες ἔχει ἡ φωτογραφία ἀπό τό δεύτερο μάθημα;

_____

6. Ποῦ εἶναι ἡ φωτογραφία ἀπό τό πρῶτο μάθημα;

_____

7. Ποῦ εἶναι τό παράθυρο; _____ _

8. Ποῦ εἶναι ἡ φωτογραφία καί τό παράθυρο;

_____

9. Ποῦ εἶναι τό τραπέζι; _____

10. Τί εἶναι πάνω στό τραπέζι; _____

11. Τί εἶναι κοντά στό βάζο; _____

12. Τί εἶναι γύρω ἀπό τό τραπέζι; _____

13. Τί εἶναι κάτω ἀπό τό τραπέζι; _____

14. Πόσες πόρτες ἔχει τό δωμάτιο; _____

15. Ποῦ εἶναι ἡ πόρτα; _____

VIII - Translation: English into Greek

1. Here is a photograph. _____

2. This photograph is in the room. _____

3. A newspaper is on the table. _____

4. Around the table are four chairs. _____

5. The room has one door. _____

Μέ λένε _____

Note: All work should be done with textbooks closed.

I. Breath marks and accents:

1. Το σπιτι εχει ενα παραθυρο και μια πορτα.
2. Θελω ενα καρπουζι, παρακαλω. Ποσο κανει;
3. Τρεις δραχμες για τους Αμερικανους.
4. Αφησε τ' αστεια, καλε, και πες μου ποσο κανει.

II - Dialogue recall. (Fill in the blanks with the appropriate terms from the dialogue.)

1. Τώρα εἴμαστε ____ __ __ __ ____ ____ __ _____ , στήν ____

   _____ .

2. Ὁ κύριος Παυλάκης ἀνοίγει ____ ____ ____ _____ __

   _____ .

3. ῍Εχει μιά _____ ___ _____ .
4. Τό σπίτι ἔχει ____ _____ ___ ___ ___ _____ .
5. Πλάι στό σπίτι εἶναι ____ _____ .
6. Μπροστά στό σπίτι _____ ___ _____ .
7. _____ καί _____ .
8. Ἡ κ. Παυλάκη _____ _____ ___ ___ ___ _____ .
9. Μανάβης: ___ _____ , ____ ____ ,
10. Κ. Παυλάκη: ____ _____ , _____ . ___ ____ ;
11. Μανάβης: ____ (_____) ___ ____ _____ , ____

    ___ ____ .

12. Κ. Παυλάκη: ____ _ _____ , ____ , ___ ___ ___ ____

    ___ _.

III - Fill in the blanks with the Greek equivalent of the English words in parentheses

1. Θέλω _____ καί _____ . (tomatoes, peppers).
2. Ἡ κ. Παυλάκη ἀγοράζει _____ , _____ καί _____ γιά
   τά παιδιά. (grapes, melons, bananas).
3. Βλέπω ἔνα μαγαζί πού ἔχει _____ , _____ καί _____ .
   (hats, shoes, overcoats).
4. Βλέπουμε τό μανάβη μέ τό _____ καί τό _____ του.
   (cart, donkey) .
5. Ὁ κ. Παυλάκης ἔχει _____ , _____ , _____ ;
   (mustache, necktie, jacket).
6. Ὁ μανάβης δέν ἔχει _____ .   (small change).

7. Βλέπουμε τόν ἥλιο πάνω ἀπό τή _____. (roof)

8. Ἡ κ.Παυλάκη ἀγοράζει _____ _____ πατάτες. (half kilo)

IV - Supply either the singular or plural:

1. ___ _____ τά καταστήματα.

2. τό καρότο ___ _____

3. τό πρόσωπο ___ _____

4. ___ _____ τά λάστιχα.

5. __ _____ οἱ ἀριθμοί.

6. τό πορτοκάλι. ___ _____.

7. __ _____ οἱ δραχμές.

8. τό σπίτι ___ _____.

9. ἡ ἐφημερίδα ___ _____.

10. τό μαγαζί ___ _____.

V - Verb drills.

1. Ὁ Νίκος ἀγοράζει ἕνα αὐτοκίνητο.

2. Ἐγώ _____ ἕνα αὐτοκίνητο.

3. Αὐτά _____ ἕνα αὐτοκίνητο.

4. Αὐτοί_____ ἕνα αὐτοκίνητο.

5. Ἐσεῖς_____ ἕνα αὐτοκίνητο.

6. Αὐτό _____ ἕνα αὐτοκίνητο.

7. Αὐτές_____ ἕνα αὐτοκίνητο.

8. Ἐμεῖς_____ ἕνα αὐτοκίνητο.

9. Ἐσύ _____ ἕνα αὐτοκίνητο.

10. Αὐτή _____ ἕνα αὐτοκίνητο.

Supply the correct form of the verb:

11. Ὁ Νίκος _____ τήν πόρτα. (to open)

12. Ὁ μανάβης _____. τά ρέστα. (to have)

13. Ἐσύ _____ φίλος μου. (to be)

14. Οἱ γυναῖκες _____ τό γαϊδούρι. (to see)

15. Τά παιδιά _____ καί _____. (to sit, to speak)

16. Ἐμεῖς _____ τρία πορτοκάλια. (to want)

17. Πόσο _____τά λουλούδια; (to cost; literally: to make)

18. Ἐσεῖς _____ στό κατάστημα. (to go)

VI - Number drills (write in Greek):

1. Ἕντεκα καί δέκα κάνουν εἴκοσι ἕνα.

2._____ καί _____ κάνουν _____ (11,12,_)

-ε-

3. _____καί_____ κάνουν _____ (15,18,_)
4. _____καί_____ κάνουν_____ (19,20,_)
5. _____καί_____ κάνουν_____ (20,30,_)
6._____καί_____ κάνουν_____ (40,5,_)
7._____καί _____ κάνουν_____ (50,13,_)
8. _____καί_____ κάνουν_____ (30,60,_)
9. _____καί_____ κάνουν_____ (70,19,_)
10._____καί_____ κάνουν_____ (80,20,_)

VII - Answer in Greek:

General questions.

1.Πόσο κάνει ἕνα κουτί τσιγάρα; _____
2.Ἔχεις αὐτοκίνητο;_____
3.Ποιά ἐφημερίδα ἀγοράζεις; _____
4.Πόσο κάνουν οἱ ἐφημερίδες στήν Ἑλλάδα;_____
5.Πόσα λάστιχα ἔχει ἕνα αὐτοκίνητο;_____

Questions on the dialogue.

1.Ποῦ εἴμαστε τώρα;_____
2.Τί ἀνοίγει ὁ κ.Παυλάκης;_____.
3.Ποῦ πηγαίνει ὁ κ.Παυλάκης;_____
4.Τί ἔχει στό χέρι ὁ κ.Παυλάκης;_____
5.Πόσα παράθυρα ἔχει τό σπίτι;_____
6.Πόσες πόρτες ἔχει τό σπίτι;_____
7.Τί εἶναι πλάι στό σπίτι;_____
8.Τί βλέπουμε μπροστά στό σπίτι;_____
9.Τί κάνουν οἱ γυναῖκες;_____
10.Ἀπό ποιόν ἀγοράζει φροῦτα ἡ κ.Παυλάκη;_____

VIII - Translation:English into Greek.

1.We are outside of the house._____
2.He opens the door and goes to the automobile._____

_____
3.He has a newspaper in his hand._____
4.I want a hat,please.How much is it?_____

_____
5.Cut out the nonsense._____

I. Breath marks and accents:

1. Ανοιγει την πορτα και καθεται στο γραφειο του.

2. Ασε τη δουλεια και πες μου, μ' αγαπας;

3. Ειναι ψηλη κι ομορφη.

4. Δεν πρεπει να μου τηλεφωνεις αυτη την ωρα.

II. Dialogue recall.

1. 'Ο κ. Παυλάκης _____ __ __ _____ ___ ___

    _____ ____.

2. 'Ανοίγει τήν πόρτα ___ _____ ___ _____ ____

3. "Οπως ____ _____, ____ ____ ____ ____. κ. Παυλάκη

    ____ __ ____ ____ ____ σ'ἕνα ____.

4. _____, κύριε, ____.

5. 'Η δεσποινίς 'Αφροδίτη εἶναι __ _____ ___ κ. Παυλάκη.

6. Κάθεται στό _____ ___.

7. Εἶναι ____ ___ _____.

8. Χτυπάει __ _____.

9. 'Η δεσποινίς 'Αφροδίτη _____.

10. Δίς: _____.

11. Νίκος: ____ _____.

12. Δίς: ____, ___ ____ ____ ____ ___

    ____, ____ ____.

13. ('Ο κ. Παυλάκης _____ ____ _____.)

14. Νίκος: ____ ___ _____, 'Αφροδίτη μου, ____ ___ ____,

    _ _____;

15. Δίς: _____ _ _____, καλέ. ____ __ ____ ____

    ____ ____, ____ ____ ____.

16. Νίκος: ____, _____ ____, ___ _____;

17. Δίς: ____, ____, _____.

III - Fill in the blanks with the Greek equivalent of the
     English words in parentheses.

1. Πηγαίνει στό _____ καί ἀγοράζει _____
                        (post office, stamps)

2. 'Η γραμματέας κάθεται στό γραφεῖο της καί γράφει μέ τή
    _____ . (typewriter)

3. Τέσσερα ____ εἶναι στή _____ .(books, bookcase)

-11-

4. Πάνω στό γραφεῖο εἶναι ἕνα _____ καί δυό _____. (pen,pencils)

5. Τά _____ εἶναι στά _____ μου. (glasses,eyes)

6. 'Ο κ. Παυλάκης ἔχει _____, δέν ἔχει _____. (mustache,beard)

7. 'Ο ____ ἔχει τριάντα _____. (month,days)

8. 'Ο _____ εἶναι _____. (coffee,hot)

9. 'Ο γραμματέας ἔχει _____, ((a) watch)

10. Τό μολύβι εἶναι στ' _____ μου. (ear)

IV - Supply either the singular or plural:

1. τό αὐτοκίνητο   ___ _____

2. ἡ γραμματέας   ___ _____

3. τό ρολόι   ___ _____

4. ___ _____   οἱ καφέδες

5. ὁ μῆνας   ___ _____

6. ___ _____   οἱ μέρες

7. ___ _____   τά γράμματα

8. ὁ δίσκος   ___ _____

9. ___ _____   τά στυλό

10. τό τηλέφωνο   ___ _____

V - Choose the appropriate verb from among the following possi-
bilities and supply the correct form.

πηγαίνω, ἀνοίγω, φέρνω, χτυπῶ, μιλῶ, τηλεφωνῶ, καταλαβαίνω,
ἀκούω, χαμογελῶ, ἀγαπῶ, βλέπω.

1. _____ μέ τά αὐτιά μου.

2. _____ μέ τά μάτια μου.

3. Τό παιδί _____ ἕνα ποτήρι νερό.

4. 'Ο Νῖκος _____ τήν 'Αφροδίτη.

5. Οἱ γυναῖκες κάθονται καί _____.

6. Τό παιδί _____ τήν πόρτα.

7. Τό τηλέφωνο _____.

8. Κάθε μέρα _____ στό σχολεῖο.

9. 'Η Μαρία δέν _____ τό μάθημα.

10. 'Ο κ. Παυλάκης _____ στό Νῖκο.

VI - Telling time

Πές μου, τί ὥρα εἶναι;

1. 'Η ὥρα εἶναι _____. (2:15)

2. 'Η ὥρα εἶναι _____. (5:05)

Μέ λένε _____

   3. 'Η ὥρα εἶναι _____. (6:30)

   4. 'Η ὥρα εἶναι _____. (14:45)

   5. 'Η ὥρα εἶναι _____. (7:00)

   6. 'Η ὥρα εἶναι _____. (1:30)

   7. Εἶναι _____. (noon)

   8. Εἶναι _____. (midnight)

VII - Answer in Greek

General questions:

1. "Εχεις ρολόι; _____

2. Τί ὥρα ἔχεις; _____

3. Καταλαβαίνεις τό μάθημα; _____

4. Μέ τί ἀκοῦμε; _____

5. Πόσα χρήματα ἔχεις; _____

Questions on the dialogue:

1. Πῶς πηγαίνει ὁ κ. Παυλάκης στή δουλειά του; _____

2. Ποῦ κάθεται ὁ κ. Παυλάκης; _____

3. Ποιός φέρνει καφέ στόν κ. Παυλάκη; _____

4. Τί εἶναι στό δίσκο; _____

5. Τί λέει τό παιδί; _____

6. Τί εἶναι ἡ δεσποινίς 'Αφροδίτη; _____

7. Εἶναι ἡ 'Αφροδίτη ψηλή κι ὄμορφη; _____

8. Χτυπάει τό τηλέφωνο. Τί λέει ἡ δεσποινίς 'Αφροδίτη; _____

9. 'Η 'Αφροδίτη ἀγαπᾶ τό Νίκο; _____

10. Τί λέει ἡ 'Αφροδίτη στό Νίκο; _____

VIII - Translation: English into Greek.

1. Everyday a boy brings coffee to Mr. Pavlakis. _____

2. She is tall and beautiful. _____

3. You must not telephone me at four o'clock. _____

4. He understands and smiles. _____

5. Do you love me? _____

I -   Look at the picture on p. 34 of <u>Demotic Greek</u> and answer the
following questions:

1. Τί κάνουν ὁ κύριος καί ἡ κυρία Παυλάκη; _____
_____

2. Τί βλέπουμε ἔξω ἀπ'τό παράθυρο; _____

3. Τί βλέπουμε πάνω στόν τοῖχο; _____

4. Πόσα λουλούδια ἔχει τό βάζο; _____

5. Ποῦ εἶναι τό βάζο; _____

6. Πόσες καρέκλες εἶναι γύρω ἀπό τό τραπέζι; _____
_____

7. Ποῦ εἶναι ἡ πόρτα; _____

8. Τί κάνουμε μέ τό τηλέφωνο; _____

9. "Εχει παλτό ὁ κύριος Παυλάκης; _____

10. Ποῦ εἶναι τό τσιγάρο τοῦ κυρίου Παυλάκη; _____

II - Identify (in Greek) the bodily features or articles of clothing
indicated.

III - Crossword puzzle.

OPIZONTIΩΣ- horizontal

1. What Mr. Pavlakis is.
3. fifth (neuter singular)
5. the feminine definite
   article in the accusative
   plural -- the masculine
   indef. article in the
   nominative singular
6. ninth letter of the
   alphabet -- first letter
   of the alphabet
7. What Greek priests have
   on their faces.

KAΘΕΤΩΣ - vertical

1. The place where we live.
3. What escapes from the kettle
   when water boils.
6. What we say when we agree
   with something.
7. Imperative form of ἀφῆνω
   meaning "leave," "stop,"
   "cut it out"
8. how?

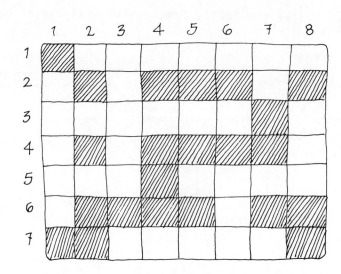

IV -   Matching words. Next to each word in column A
place the most logical word from column B .

	A´		B´
1.	ἀδερφός	_____	κορίτσι
2.	πατέρας	_____	σπίρτα
3.	πρωί	_____	λουλούδια
4.	ἀγόρι	_____	μπροστά
5.	κουτί	_____	μέρα
6.	βάζο	_____	σόμπα
7.	πίσω	_____	κρύος
8.	νύχτα	_____	μαλλιά
9.	σωλήνας	_____	ταβάνι
10.	ζεστός	_____	μακριά
11.	γένια	_____	λεφτά
12.	πάτωμα	_____	ψιλά
13.	κοντά	_____	ναί
14.	δραχμή	_____	ρολόι
15.	ρέστα	_____	ταχυδρομεῖο
16.	ὄχι	_____	καρπούζι
17.	ὥρα	_____	μητέρα
18.	γραμματόσημο	_____	πατάτα
19.	μπανάνα	_____	βράδυ
20.	ντομάτα	_____	ἀδερφή

V -   Supply the appropriate question word.

   Example: Ὁ κύριος Παυλάκης εἶναι ὁ πατέρας. _Ποιός_ εἶναι ὁ πατέρας;

   1. Ἡ κυρία Παυλάκη εἶναι ἡ μητέρα. _____ εἶναι ἡ μητέρα;

   2. Ἔχουμε δύο ἀδερφούς. _____ ἀδερφούς ἔχουμε;

   3. Πηγαίνω στή βιβλιοθήκη. _____ πηγαίνω;

   4. Πηγαίνω μέ τό αὐτοκίνητο. _____ πηγαίνω;

   5. Ἡ φωτογραφία εἶναι στόν τοῖχο. _____ εἶναι ἡ φωτογραφία;

   6. Πηγαίνει στό γραφεῖο γιατί ἔχει δουλειά. _____ πηγαίνει στό γραφεῖο;

   7. Ἔχουν ρολόγια. ____ ἔχουν;

   8. Ἕνα αὐτοκίνητο ἔχει τέσσερα λάστιχα. _____ λάστιχα ἔχει;

   9. Οἱ γυναῖκες κάθονται καί μιλοῦν. ____ κάνουν οἱ γυναῖκες;

VI - Translate into Greek:

Nikos opens the door and sees his parents, who are sitting and talking. In his hands he has a newspaper and a watermelon. Maria is not in the room; she is outside of the house. She opens the window and hears what her parents are saying. Nikos sees his sister and hits her with the newspaper.

VII - Answer in Greek, spelling out all numbers:

1. Πόσα αὐτιά ἔχουμε; _____

2. Πόσα μάτια ἔχουμε; _____

3. Πόσες μῦτες ἔχουμε; _____

4. Πότε λέμε « καλημέρα » ; _____

5. Πότε λέμε «καλησπέρα» ; _____

6. Πότε λέμε «καληνύχτα» ; _____

7. Πόσο κάνουν ἑκατό σύν εἴκοσι; _____

8. Πόσο κάνουν τρία σύν ἔξι κιλά; _____

9. Τί ὥρα πηγαίνεις στή δουλειά; _____

10. Πόσο κάνει ἔνα κουτί τσιγάρα; _____

VIII - Supply the correct form of the verb, using the 2nd person singular:

Example: _Καταλαβαίνεις_ τί λέω; (καταλαβαίνω)

1. _____ τί λέω; (ἀκούω)

2. _____ ἑλληνικά; (μιλῶ)

3. _____αὐτοκίνητο; (ἔχω)

4. _____ τά χρήματα; (ἀγαπῶ)

5. _____ σαχλαμάρες; (λέω)

6. _____ τώρα; (χαμογελῶ)

IX - Supply the correct form of the verbs, using the first person plural:

1. _Ἀκοῦμε_ τήν κυρία πού μιλάει. (ἀκούω)

2. _____ ἑλληνικά. (καταλαβαίνω)

3. _____ τά φροῦτα. (ἀγαπῶ)

4. _____ σαχλαμάρες. (λέω)

5. _____ τά παιδιά. (παρακαλῶ)

6. _____ στούς γονεῖς. (τηλεφωνῶ)

7. _____ νερό. (φέρνω)

I - Dialogue recall:

  1. Κάθε μέρα __ _____ _____ ____ _____.

  2. Εἶναι _____ ___ _____ _____ __ _____.

  3. Εἶναι ____ _____.

  4. Δέν εἶναι ψηλή ___ _____ _____ __ 'Αφροδίτη· εἶναι

    _____, _____, __ _____.

  5. 'Ο δάσκαλος, __ __ _____, _____ ____ _____

    καί τά κορίτσια _____ _____.

  6. Δάσκαλος: _____ ___ _____ ___ _____;

  7. Ἕνα κορίτσι _____ τό Πάτερ Ἡμῶν.

  8. Μετά _____ _____ __ _____ _____ "καλημέρα"

    _____ _____ _____.

  9. Δάσκαλος: Ράπτη 'Αντιγόνη.

10. Μαθήτρια: _____.

11. Δάσκαλος: Χασάπη Παναγιώτα.

12. Μαθήτρια: _____.

13. Δάσκαλος: Παπαχατζηκοκολιοῦ Κλεοπάτρα.

14. Μαθήτρια: _____.

15. Δάσκαλος: _____ _____.

16. Μαθήτρια: Παρών.

17. 'Ο δάσκαλος ___ _____ ____ _____ _____ ____:

    ___ ____ _____!

II - Supply either the singular or plural:

  1. ἡ μαθήτρια   ___ _____

  2. ὁ δάσκαλος   ___ _____

  3. τό σχολεῖο   ___ _____

  4. ___ _____   οἱ τάξεις

  5. τό κορίτσι   ___ _____

  6. ___ _____   οἱ προσευχές

  7. ___ _____   οἱ κατάλογοι

  8. ___ _____   οἱ διάβολοι

  9. τό γυμνάσιο   ___ _____

III - Provide the appropriate form of the adjective:

  1. 'Η μαθήτρια εἶναι _____. (tall)

  2. 'Ο δάσκαλος δέν εἶναι _____. (tall)

  3. Τό κορίτσι εἶναι _____. (tall)

4. Τό παιδί εἶναι _____. (fat)

5. Οἱ γυναῖκες εἶναι _____. (beautiful)

6. Ὁ γραμματέας εἶναι _____. (short)

7. Ἡ Μαρία εἶναι _____.   (ugly)

8. Ὁ κ. Καρπούζας ἔχει _____ αὐτοκίνητο. (beautiful)

9. Οἱ δάσκαλοι ἀγαποῦν τίς _____ μαθήτριες. (good)

10. Τό γκαρσόνι φέρνει στόν κ. Παυλάκη ἕνα _____ καφέ καί ἕνα
    _____ νερό. (hot, cold)

IV - Supply the correct form of the verb:

1. Τό κορίτσι _____ τήν προσευχή. (to say)

2. Τό παιδί _____ τό μάθημα. (to murmur)

3. Οἱ γυναῖκες _____ τό κατάστημα. (to look at)

4. Ἐμεῖς _____ τόν ἥλιο. (to see)

5. Ἡ Μαρία _____ τούς γονεῖς της. (to hear)

6. Ἐσεῖς _____ στό σχολεῖο κάθε μέρα. (to go)

7. Ἐσύ _____ στήν τάξη στίς ὀχτώ ἡ ὥρα. (to enter)

8. Οἱ μαθήτριες _____ .   (to sit down)

9. Τά κορίτσια _____ ἀμέσως. (to get up)

10. Ὁ πατέρας _____ τό παιδί του. (to call)

V - Supply the appropriate direct object pronouns:

1. Ὁ δάσκαλος ____ κοιτάζει. (τό κορίτσι)

2. Τά κορίτσια _____ βλέπουν. (ὁ ἀδερφός)

3. Ὁ πατέρας _____ ἀκούει. (οἱ μαθητές)

4. Ὁ μαθητής _____ ἀγοράζει. (ἡ ἐφημερίδα)

5. Ὁ πατέρας _____ θέλει. (οἱ γραβάτες)

6. ῎Οχι, δέν ____ ἀκοῦμε. (τό τηλέφωνο)

7. ____ ἀκοῦμε. (τά παιδιά)

8. Ὁ ἄντρας _____ βλέπει. (οἱ καφέδες)

9. Ἡ γραμματέας ____ κοιτάζει. (τά γράμματα)

10. Δέν ____ χτυπῶ. (ἡ ἀδερφή)

VI - Answer in Greek:

General questions.

1. Ἀγαπᾶτε τούς γονεῖς σας;

2. Ἀκοῦς τόν δάσκαλό σου;

3. Χτυπᾶμε τίς ἀδερφές μας;

4. Ἀγοράζεις ἐφημερίδα κάθε μέρα;

5. "Εχεις καλό ρολόι;

Questions on the dialogue.

1. Ποῦ πηγαίνει ἡ Μαρία κάθε μέρα;

2. Τί εἶναι ἡ Μαρία;

3. Σέ ποιά τάξη τοῦ Γυμνασίου εἶναι ἡ Μαρία;

4. Πόσων χρονῶν εἶναι ἡ Μαρία;

5. Εἶναι ψηλή καί ὄμορφη;

6. Τί εἶναι;

7. Πῶς λέγεται ὁ δάσκαλος;

8. Ποῦ μπαίνει ὁ κ. Καρπούζας;

9. Τί κάνουν τά κορίτσια;

10. Τί μουρμουρίζει ὁ δάσκαλος μέσα του;

VII - Translation: English into Greek.

1. Every day the waiter goes to Mr. Pavlakis's office.
2. I am twenty years old.
3. Miss Aphrodite is a beautiful girl.
4. What do students say in class?
5. What grade are you in?

I - Dialogue recall:

1. 'Ο _____ _____ ___ Μαρία:

2. -- _____

3. 'Η Μαρία _____ ____ _____ _____ _____ _____.

4. Δάσκαλος: _____ ___ _____ σου;

5. Μαρία: Ναί, _____, ___ _____.

6. Δάσκαλος: Τό _____ _____;

7. Μαρία: Ναί, ___ _____.

8. Δάσκαλος: _____ _____;

9. Μαρία: Ναί, _____ ____ _____.

10. Δάσκαλος: Πές μας, _____, _____ _____ _____ __ _____;

11. Μαρία: ___ _____ _____ _____ _____.

12. Δάσκαλος: Σέ _____ _____ τῆς _____ _____;

13. Μαρία: _____ ἀπ' ___ _____ _____ ___ _____ ἀπ' ___ _____

14. Δάσκαλος: Καί .... _____...

15. Μαρία: Καί _____ ___ ___... __ _____ ...._____.

16. Δάσκαλος: ____ _____;

17. Μαρία: ____ _____, _____, _____ ___ ___ _____.

18. Δάσκαλος: _____ _____ _____, κορίτσια;

19. Μερικά _____ _____ τό χέρι.

20. 'Αντιγόνη: Ναί, _____, _____. Δέν _____ _____ _____
    __ _____, εἶναι _____ _____ _____.

21. Δάσκαλος: _____, _____. _____ _____.

II - Fill in the blanks with the Greek equivalent of the English
    words in parentheses:

1. __ _____ εἶναι ὄμορφη _____ . (Greece, country)

2. __ _____ τῆς _____ εἶναι ἡ Ρώμη. (The capital, Italy)

3. __ _____, __ _____ καί __ _____ εἶναι στήν _____.
   (Albania, Poland, Bulgaria, Europe)

4. 'Η 'Ελλάδα ἔχει ὄμορφα _____ καί ὄμορφα _____ .
   (islands, villages)

5. _____ ἀπ' __ _____ εἶναι ἡ _____ _____.
   (North, Africa, Mediterranean sea)

6. 'Από ποιά _____ εἶσαι; (city)

7. __ _____ τοῦ _____ καί τῆς _____ εἶναι φίλοι.
   (The peoples, Canada, America)

8. __ _____ εἶναι στή _____ _____. (Belgium, Western Europe)

-23-

III - Supply either the singular or plural:

1. ὁ δάσκαλος   ___ _____
2. ___ _____   οἱ χάρτες
3. τό μάθημα   ___ _____
4. τό λάθος   ___ _____
5. ___ _____   τά κορίτσια
6. τό χέρι   ___ _ _____-
7. ___ _____   οἱ πόλεις
8. ___ _____   τά ἔθνη
9. ἡ πρωτεύουσα   ___ _____
10. ___ _____   οἱ ἐπαρχίες

IV - Supply the correct form of the verb in the simple past tense:

1. ῾Η Μαρία _____ τό μάθημά της. (to read)
2. Τά κορίτσια _____ τά μαθήματά τους. (to write)
3. Οἱ γυναῖκες _____ φροῦτα. (to buy)
4. ῾Η μητέρα _____ τό πρωί. (to work)
5. ᾿Εμεῖς _____ καλά τό μάθημα. (to learn)
6. ᾿Εσεῖς _____ στό δάσκαλο. (to answer)
7. ῾Η ᾿Αφροδίτη _____ τό Νίκο. (to love)
8. ῾Ο πατέρας _____ καί ἡ ᾿Αφροδίτη _____. (to smile, to speak)
9. Τί _____ στόν πατέρα σου; (to say)
10. _____ τά μαθήματά σας; (to do)

V - Supply the appropriate possessive (pronominal) adjective:
1. Αὐτό εἶναι τό βιβλίο μου, (my)
2. ᾿Αγαπῶ τόν πατέρα _____. (my)
3. Διαβάζουμε τά γράμματά _____. (our)
4. Ποῦ εἶναι τά γυαλιά _____. (your, pl.)
5. Ποῦ εἶναι τά γυαλιά _____. (your, sg.)
6. ᾿Αγοράζετε τίς ἐφημερίδες _____. (your)
7. Οἱ γυναῖκες κοιτάζουν τό πρόσωπό _____. (their)
8. Ποῦ εἶναι τό παιδί _____. (her)

VI - Supply the appropriate adverb:
1. Τό ἔμαθες _____; (well)
2. ᾿Απάντησε _____; (correctly)
3. Κάνει τή δουλειά _____. (beautifully)
4. Μιλάει _____. (badly; literally: in an "ugly" way)

-24-

5. Πηγαίνουμε _____.   (west)

VII - Answer in Greek.
General questions:

1. Πῶς λέγονται οἱ γονεῖς σου;

2. Πότε λέμε καλημέρα;

3. 'Από ποῦ εἶσαι;

4. Ποιά εἶναι ἡ πρωτεύουσα τῆς 'Ιταλίας;

5. Σέ ποιά ὁδό εἶναι τό σχολεῖο μας;

Questions on the dialogue:

1. Τί κάνει ὁ δάσκαλος;

2. Ποῦ πηγαίνει ἡ Μαρία;

3. Διάβασε ἡ Μαρία τό μάθημά της;

4. Τό ἔμαθε καλά;

5. Τί ἔγραψε ἡ Μαρία;

6. Ποῦ εἶναι ἡ Γαλλία;

7. Σέ ποιό μέρος τῆς Δυτικῆς Εὐρώπης;

8. Τί λάθος ἔκανε;

9. Πόσα κορίτσια σηκώνουν τό χέρι;

10. Πῶς ἀπάντησε ἡ 'Αντιγόνη;

VIII - Translation

1. The mother calls her child.

2. The father gets up and goes to his automobile.

3. Did you read your newspaper?

4. Did you learn your lesson well?

5. Did they write to their parents?

Μέ λένε _____   Workbook   H - 1

I - Dialogue recall:

1. Ἡ ὥρα _____ ____ ___ _____ .

2. Τελείωσε ____ _____ .

3. ___ _____ _____ ___ _ _____ _____ _____ , πού _____

    _____ 2° _____ , _____ _____ _____ _____

    _____ _____ .

4. Πηγαίνει _____ _____ _____ _____ ___ _____ ,

    νά _____ _____ _____ της.

5. Μαρια: Κύριε, _____ ___ _____ ;

6. Κύριος: _____ . _____ ψιλά;

7. Μαρία: Ναί. _____ _____ _____ _____ _____ _____

    789.632 (_____ _____ ἐννέα, _____

    _____ δύο);

8. Ἀφροδίτη: _____ , ____ _____ ____ κ. Παυλάκη.

9. Μαρία: _____ _____ ___ _____ ___ , _____ ;

10. Ἀφροδίτη: _____ , _____ , _____ .

11. Μαρία: _____ ___ _____ .

12. Ἀφροδίτη: _____ , _____ .

13. κ. Παυλάκης: ___ _____ , _____ ___ ;

14. Μαρία: _____ , _____ . _____ _____ _____ ;

15. κ. Παυλάκης: _____ _____ . _____ ;

16. Μαρία: _____ _____ , _____ _____ _ _____

    _____ .

17. κ. Παυλάκης: _____ , __ ___ ___ ___ ___ Ἐκκλησία ___

    __ _____ _____ _____ _____ ὁδό _____ ,

    _____ _____ _____ _____ _____ ,

    ἐκεῖ ___ _____ ἀριστερά ___ ___ _____ _____

    _____ ___ Δημαρχεῖο, πού _____ ___ _____ ___ ὁδοῦ

    _____ _____ . Τό _____ "Παράδεισος"

-27-

_____ _____ ἀπό τό _____.

_____;

18. <u>Μαρία</u>: _____ __ _____.

II - Supply either the singular or the plural:

1. ____ _____   οἱ τάξεις
2. τό πάτωμα   ___ _____
3. ____ _____   οἱ σκάλες
4. τό σχολεῖο   ___ _____
5. τό γραφεῖο   ___ _____
6. ἡ ἐκκλησία   ___ _____
7. ὁ δρόμος   ___ _____
8. ____ _____   οἱ ὁδοί
9. ____ _____   τά ἐστιατόρια

III - Supply the correct form of the verb:

1. Θέλω <u>νά</u> <u>μιλήσω</u> στόν πατέρα μου. (μιλῶ)
2. Θέλω ____ _____ γράμμα. (γράφω)
3. Μπορῶ ___ _____ ; (τρώω)
4. Μπορῶ ___ _____ τό μάθημα. (λέω)
5. Μπορῶ ___ _____ στό σχολεῖο. (πηγαίνω)
6. Θέλω ___ _____ μπανάνες. (ἀγοράζω)
7. Θέλω ___ _____ ἀριστερά. (στρίβω)
8. Θέλω ___ _____ ἑλληνικά. (καταλαβαίνω)
9. Πηγαίνω ____ _____. (τηλεφωνῶ)
10. Πάω ___ _____ τήν ἐκκλησία. (βλέπω)

IV - Supply the appropriate indirect object pronoun:

1. Μπορῶ νά <u>τοῦ</u> μιλήσω; (to him)
2. Ὁ δάσκαλος _____ μιλάει. (to them, feminine plural)
3. Ὁ πατέρας _____ ἀπαντᾶ. (to them, neuter plural)
4. Ἡ γραμματέας _____ γράφει. (to her)

V - Make the following sentences negative:

1. Ὁ πατέρας καί ἡ μητέρα εἶναι τά παιδιά.
1. _____
2. Ἡ φωτογραφία εἶναι στό βάζο.
2. _____

3. ‘Η κυρία Παυλάκη ἀγοράζει φροῦτα ἀπ' τό γκαρσόνι.

3. _____

4. ‘Η δεσποινίς ’Αφροδίτη εἶναι ἡ γυναίκα τοῦ κυρίου Παυλάκη.

4. _____

5. ‘Η Μαρία εἶναι ψηλή κι ὄμορφη.

5. _____

6. Οἱ ‘Ηνωμένες Πολιτεῖες εἶναι βόρεια ἀπό τόν Καναδᾶ.

6. _____

7. Τοῦ μιλῶ.   7. _____

8. Θέλω νά τοῦ μιλήσω.   8. _____

VI - Answer in Greek.
                    General questions:

1. Εἶσαι μαθητής;

2. Πηγαίνεις στό περίπτερο γιά νά τηλεφωνήσεις, ἤ ἔχεις τηλέφωνο στό σπίτι σου;

3. Τί ὤρα τελειώνει τό μάθημά μας;

4. Ποιό δρόμο παίρνεις γιά τή βιβλιοθήκη;

5. Ποιό εἶναι τό τηλέφωνό σου;

                    Questions on the dialogue:

1. Τί ὤρα εἶναι;

2. Σέ ποιό πάτωμα βρίσκεται ἡ Μαρία;

3. ’Ανεβαίνει τίς σκάλες τοῦ σχολείου ἡ Μαρία;

4. Ποῦ πηγαίνει νά τηλεφωνήσει;

5. ”Εχει ψιλά;

6. Τί ἀπαντᾶ ἡ ’Αφροδίτη;

7. Ποιόν θέλει ἡ Μαρία;

8. Τί θέλει ἡ Μαρία;

9. Ποῦ θά φᾶνε;

10. Κατάλαβε ἡ Μαρία;

VII - Translation:
    1. The lesson is over.
    2. She goes straight to the neighborhood kiosk.
    3. Sir, I want to buy a newspaper.
    4. "Hello, this is Mr. Pavlakis' office."
    5. Well, go to the corner and turn left; afterwards walk
        until Venizelos Avenue and turn right.

I - Dialogue recall:

1. κ. Παυλάκης: Μᾶς _____, _____;

2. Μαρία: Ναί, _____ __ ____ __ _____, _____ ὅλες
   ___ _____, καί _____ __ _____ ____
   _____ τρεῖς _____ __ _____ τό _____.

3. κ. Παυλάκης: _____.

4. Τό γκαρσόνι _____ _____ ____ _____ _____.

5. Γκαρσόνι: _____, _____. Τί θέλετε;

6. κ. Παυλάκης: __ _____ ____ __ _____;

7. Γκαρσόνι: _____ _____ ____ _____, ψάρι ____ ____,
   ____ _____ _____, καί _____ _____.

8. Μαρία: ____ __ ____ _____ _____.

9. Νίκος: _____ ἤ _____;

10. Μαρία: _____, ____ ____ σάλτσα.

11. κ. Παυλάκης (γελώντας): _____, _____. Ἐγώ θά
    _____, ἐγώ ____ _____. Τί ____ _____;
    Τρίτη. _____, _____
    _____. Τί λέτε, ____ _____;

12. Ὅλοι μαζί: _____.

13. κ. Παυλάκης (στό γκαρσόνι): Νά ____ ____ _____
    _____. Κι _____ __ _____ τό ψάρι, φέρε ____ __
    __ _____ -- μιά _____ _____, ____
    _____, ____ __ _____ καί ψωμί. . . . Ἐν
    τάξει, _____;

14. Μαρία: ____ _____. __ __ ____ _____ _____;

15. κ. Παυλάκης: _____. _____ ἤ _____;

16. Νίκος: ____ _____ _____, ____ Ἀφροδίτη κι ____ _____,
    ἡ _____ _____.

17. Μαρία: _____;

II - Fill in the blanks with the Greek equivalent of the English
words in parentheses:

   1. Ἡ Μαρία _____. (is hungry)

   2. Φάγαμε πολύ _____ καί _____.
      (food, filled ourselves)

   3. Γκαρσόν, εἶναι μιά μύγα (fly) στή _____ μου. (soup)

   4. Δέν πεινῶ πολύ. Θά πάρω μιά _____, λίγες
      _____, καί τίποτε ἄλλο. (tomato salad, olives)

   5. Θέλω νά πιῶ ἔνα νεσκαφέ μέ _____, παρακαλῶ. (milk)

III - Supply the appropriate object pronoun, direct or indirect:

1. Θέλω νά _____ μιλήσεις ἑλληνικά, παρακαλῶ. (1st person singular)

2. Πότε θά _____ καταλάβετε; (1st person plural)

3. Δέν θέλω νά _____ ξεχάσεις. (1st person singular)

4. Θά _____ φέρω πολλά χρήματα. (2nd person singular)

5. _____ ἀγαπῶ. (2nd person singular)

6. Πές _____ τήν ἀλήθεια. (1st person plural)

IV - Supply the future tense of the verb:

1. Αὔριο οἱ μαθήτριες ___ _____ τό μάθημα. (ξεχνῶ)

2. 'Η Μαρία ___ _____ τόν ἀδερφό της στίς πέντε ἡ ὥρα. (βλέπω)

3. ___ _____ στήν ἐκκλησία καί ___ _____ προσευχή.
   (πηγαίνω, κάνω)

4. Πότε _____ τά βιβλία σας στή βιβλιοθήκη; (φέρνω)

5. Οἱ γονεῖς ___ _____ κορίτσι γιά τό παιδί τους. (διαλέγω)

6. Δυό ῞Ελληνες ___ _____ ἕνα ἐστιατόριο. (ἀνοίγω)

7. Τό ἀπόγεμα ___ _____ μιά ἐφημερίδα γιά νά δῶ τά
   νέα.   (ἀγοράζω)

V - Supply either the simple past or the simple subjunctive:

1. 'Εμεῖς πρέπει νά _____. (πηγαίνω)

2. Χτές, ἐμεῖς _____ στήν ἐκκλησία. (πηγαίνω)

3. Μποροῦμε νά _____ τί θέλουμε; (λέω)

4. Αὐτός δέν _____ τήν ἀλήθεια. (λέω)

5. Δέ θέλουν νά σέ _____. (βλέπω)

6. 'Ο Νίκος _____ πολύ κρασί. (πίνω)

VI - Answer in Greek
        General questions:

1. Τί θέλεις νά φᾶς;

2. Τί θέλεις νά πιεῖς;

3. Ποῦ μποροῦμε νά ἔχουμε καλό φαΐ;

4. Μπορεῖς νά διαβάσεις τόν κατάλογο, πού βρίσκεται στό βιβλίο,
      καί νά διαλέξεις ἕνα ψάρι;

5. Μπορεῖτε νά διαλέξετε δυό γλυκίσματα;

Ο γιός = son

η κόρη = daughter

ένας μία ένα

κανένας καμία κανένα

ψηλός / κοντός

χοντρός / λεπτός

αδύνατος.

άσχημος / όμορφος.

μπαίνω = enter

βγαίνομαι = get up

παρών = παρούσα - παρόν

present

το παρόν

present

προς το παρόν = for the

present

ΕΚΤΟΣ αττο των

Questions on the dialogue:

1. Τί ξέχασε ἡ Μαρία;

2. Ποιόν ἔπρεπε νά ρωτήσει;

3. Γιατί ἔρχεται τό γκαρσόνι;

4. Τί ἔχει τό ἐστιατόριο τῆς ὥρας;

5. Τί μέρα εἶναι;

6. Τί θά φᾶνε;

7. Τί θά φέρει τό γκαρσόνι νά τσιμπήσουν;

8. Διψᾶ ἡ Μαρία;

9. Τί θά πιοῦν οἱ μεγάλοι;

10. Τί θά πιεῖ ἡ Μαρία;

Μέ λένε _____

Workbook I - 1

I - Complete the story, supplying the words suggested by the pictures:

Ἡ Μαρία εἶναι μαθήτρια. Κάθε _____ πηγαίνει στό

_____. Εἶναι στήν 3 _____ τάξη τοῦ Γυμνασίου.

Τό σχολεῖο ἀρχίζει μέ _____. Τό σχολεῖο εἶναι σέ

ὄμορφη γειτονιά. Στή _____ ἀπέναντι στό σχολεῖο

εἶναι μία _____. Στίς _____

ἡ ὥρα ἡ Μαρία πηγαίνει _____. Ἀνοίγει τήν

_____ καί _____ «Καλημέρα, Μαμά!!»

_____ τό φαγητό πάνω στό _____. Δια

λέγει τή μεγαλύτερη _____, παίρνει λίγη

_____ καί _____, _____ καί

ἕνα _____ λεμονάδα.

II - Here is a list of words:

βρίσκω, ἀκούω, μαθαίνω, ἀπαντῶ, πίνω, μπορῶ, καταλαβαίνω,

χορταίνω, τρώω.

Complete the following sentences, using the most appropriate verbs from the above list. Be sure that the verb agrees with the subject!

1. Διψῶ καί _____.

2. Πεινῶ καί _____.

3. Τόν ρωτῶ καί _____.

4. Τρώω καί _____.

5. Διαβάζω καί _____.

6. Βλέπω καί _____.

7. Θέλω καί _____.

8. Μιλᾶς καί _____.

9. Μουρμουρίζεις καί δέν _____.

III - Here is a list of words:

θάλασσα, γάλα, μαθαίνω, ἡσυχία, κράτος, προσευχή, σκάλες, ἐκκλησία, πληρώνω, λάθος

For each sentence select the word which completes the sentence in the most logical way.

1. Στό σχολεῖο _____ .

2. Στήν ἐκκλησία κάνουμε _____ .

3. Κατεβαίνω τίς _____ .

4. Γύρω ἀπό τό νησί εἶναι _____ .

5. Ὅταν λέμε τήν ἀλήθεια δέν κάνουμε _____ .

6. Ἡ Ἑλλάδα εἶναι μικρό _____ .

7. Κάνουμε ἡσυχία στήν _____ .

8. Τό κρασί δέν πηγαίνει μέ τό _____ .

9. Οἱ γειτονιές στήν Ἑλλάδα ἀπό τίς 2 ὥς τίς 5 τό ἀπόγευμα ἔχουν _____ .

10. Ἀγοράζω φροῦτα ἀπό τό μανάβη καί _____ .

IV - Translate into Greek:

Monday my teacher told me to go to the City Hall. 1 asked the policeman for directions and he showed me the way. It was not too far but 1 took a taxi. We went to a neighborhood that I did not know. There I saw the City Hall opposite a beautiful, large postoffice.

V - Σταυρόλεξο

ΟΡΙΖΟΝΤΙΩΣ   (Horizontal)

1. What happens when I eat a large meal.
3. Ninth letter of the alphabet - I shout.
4. I ask .
5. Small change .
7. Eighth .

ΚΑΘΕΤΩΣ   (Vertical)

1. Pertaining to meat from pigs .
3. Opposite of expensive.
4. What I do at mealtimes.
6. Pertaining to the land of Verdi, Dante, and spaghetti.
8. 24th letter of the alphabet - The Greek word from which our word "hour" comes.

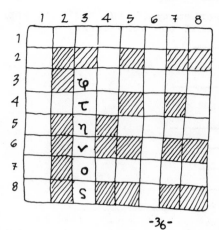

-36-

VI - Progressive transformations. Substitute the marginal word in
       the proper place in the sentence, and make all other necessary
       changes so that the sentence continues to make sense and to be
       grammatically correct. In doing number 2, work with the sentence
       you have given for number 1; in doing number 3, work with the sentence
       in number 2, etc.

'Η Μαρία μιλᾶ στόν κύριο πού βρίσκεται στό περίπτερο.

κοιτάζω 1. _____

_____

κάθομαι 2. _____

_____

κύριοι   3. _____

_____

οἱ γυναῖκες 4. _____

_____

ξέρω   5. _____

_____

'Η ὄμορφη δασκάλα μπαίνει στήν τάξη της.

ἄσχημος   6. _____

φεύγω   7. _____

ὁ δάσκαλος 8. _____

ρωτῶ   9. _____

ἀγαπῶ   10. _____

VII - Provide the correct form of the irregular
      adjective πολύς.
      1. "Εχω _____ χρήματα.
      2. _____ τουρίστες* πηγαίνουν στήν 'Ελλάδα.   * ὁ τουρίστας:
      3. _____ γυναῖκες δέν εἶναι ὄμορφες.   tourist
      4. _____ δρόμοι πηγαίνουν πρός τήν 'Αθήνα.
      5. 'Η Θεσσαλονίκη ἔχει _____ μανάβηδες.

Rewrite the above sentences using the correct forms of μερικοί
in the blank spaces :

      6. _____
      7. _____
      8. _____
      9. _____
     10. _____

I - Dialogue recall:

1. κ. Παυλάκης: ____ _____ ___ _____;

2. κα. Παυλάκη: Ναί, _____ __ __ _____ __ _____ ἄν
_____ __ _____ _____ .

3. Νίκος: Νά _____ __ _____, _____, __ _____ ____
_____ __ _____.

4. κ. Παυλάκης: _____ _____ __ _____ _____ Κρήτη, _____
κάθε μέρα ____ _____ _____ .

5. Μαρία: ____ _____ _____ _____ λέει __ _____ __
_____ _____ _____, ἀλλά ____ _____ _____ νά
_____ _____ _____ .

6. κ. Παυλάκης: ____ __ _____ _____ . . . . _____ ___
τά _____ __ _____ _____ .

7. Ἀφροδίτη: _____ _____, ἄς _____ _____, νά
_____, γιατί _____ _____ .

8. κ. Παυλάκης (_____ __ _____): _____, ____
_____, _____ .

II - Fill in the blanks with the Greek equivalent of the English
   words in parentheses:

1. Τά _____ εἶναι ἀπό γυαλί. (glasses)

2. Τό φαγητό εἶναι _____ γιατί ἔχει πολύ _____ καί
_____. (tasty, pepper, oregano)

3. Τά _____, τά _____, τά _____ καί τά
_____ πρέπει νά εἶναι καθαρά (clean).
       (plates, forks, spoons, knives)

4. Στήν Ἑλλάδα _____ μέ _____.(they cook, oil)

5. Τό χειμώνα, _____ _____ καί _____ πολύ.
       (it is cold, it snows)

6. Τήν ἄνοιξη, _____ καί _____ _____.
       (it rains, is muddy - literally: "has muds")

7. Τό φθινόπωρο, _____. (it is windy)

8. Τό καλοκαίρι, _____ _____, _____ _____, καί
____ _____ εἶναι _____. (it is sunny,
       it is warm, the sky, blue)

III - Supply the correct forms:

   Example: *Μοῦ ἀρέσουν* τά λεφτά. (I like)

   1. ____ _____ τό κρασί.   (I like)

   2. ____ _____ τό κρασί.   (You -plural- like)

3. _____ _____ οἱ ἐλιές. (You - plural - like)

4. _____ _____ τό ψάρι. (They like)

5. _____ _____ οἱ μπανάνες. (They like)

6. _____ _____ τό σχολεῖο. (We like)

7. _____ _____ τό παιδί. (She likes)

8. _____ _____ ὁ καιρός. (He likes)

9. _____ _____ τό ἀρνάκι ψητό. (You -singular- like)

10. _____ _____ τά ἀγόρια. (She likes)

IV - Supply the continuous subjunctive of the verbs in parentheses:

    1. 'Εσύ, θέλω νά μ' _____. (ἀκούω)

    2. 'Εσεῖς, πρέπει νά _____ τήν ἀλήθεια. (λέω)

    3. Τήν Κυριακή μᾶς ἀρέσει νά _____ ἀρνάκι ψητό. (τρώω)

    4. "Οταν μοῦ _____ θέλω νά εἶσαι σίγουρος. (μιλῶ)

    5. Μ' ἀρέσει νά _____ τά ὄμορφα κορίτσια. (κοιτάζω)

V - Supply the imperfect tense of the verbs in parentheses:

    1. 'Εγώ, ὅταν _____ μικρό παιδί, _____ σχολεῖο.
                         (εἶμαι, πηγαίνω)

    2. "Οταν ὁ κ. Παυλάκης _____ νέος, _____ στό γραφεῖο του
        μέ τά πόδια. (εἶμαι, πηγαίνω)

    3. "Οταν _____(ἐμεῖς) στήν 'Ελλάδα _____ κάθε μέρα
        στό ἐστιατόριο. (εἶμαι, τρώω)

    4. Ποῦ _____ (ἐσύ) ὅταν χτύπησε τό τηλέφωνο; (εἶμαι)

    5. Τί _____ οἱ μαθήτριες ὅταν ὁ δάσκαλος ἄνοιξε τήν
        πόρτα; (λέω)

    6. Τί _____ ὅταν σᾶς τηλεφώνησα; (κάνω)

VI - Supply the correct form of the verb in the following conditional sentences:

    1. Θά _____ στήν 'Ελλάδα ἄν εἶχα λεφτά. (πηγαίνω)

    2. Θά τοῦ _____ τήν ἀλήθεια ἄν τόν βλέπαμε. (λέω)

    3. Θά τούς _____ ἄν ἔκανε ζέστη. (ἀρέσει)

    4. Θά σᾶς _____ ἄν δέν ἔβρεχε. (βλέπω - 1st person plural)

    5. "Αν δέν ἤμουν αὐτός πού εἶμαι θά _____ νά ἤμουν Σωκράτης.
        (θέλω)

VII - Supply the formal (plural) imperative of the verbs in parentheses:

    1. 'Ελᾶτε, _____ τ' ἀστεῖα. (ἀφήνω)

    2. _____ τήν πόρτα. (ἀνοίγω)

3. _____, παρακαλῶ. (κάθομαι)

4. _____ τά βιβλία σας. (παίρνω)

5. 'Ελᾶτε, _____ τό φαγητό. (ἑτοιμάζω)

VIII - Change each of the above into the familiar (singular) imperative:

    1. "Ελα, _____ τ' ἀστεῖα.   (ἀφήνω)

    2. _____ τήν πόρτα. (ἀνοίγω)

    3. _____, παρακαλῶ. (κάθομαι)

    4. _____ τά βιβλία σου. (παίρνω)

    5. "Ελα, _____ _____ τό φαγητό. (ἑτοιμάζω)

IX - Change the imperatives in Exercise VIII to the periphrastic form:

    1. _Νά_ _ἀφήσεις_ τ' ἀστεῖα.   (ἀφήνω)

    2. ___ _____ τήν πόρτα. (ἀνοίγω)

    3. ___ _____, παρακαλῶ. (κάθομαι)

    4. ___ _____ τά βιβλία σου. (παίρνω)

    5. ___ _____ τό φαγητό. (ἑτοιμάζω)

X - Convert the commands in Exercise IX to the negative form:

    1. _Μήν_ _ἀφήσεις_ τ' ἀστεῖα.   (ἀφήνω)

    2. ___ _____ τήν πόρτα. (ἀνοίγω)

    3. ___ _____, παρακαλῶ. (κάθομαι)

    4. ___ _____ τά βιβλία σου. (παίρνω)

    5. ___ _____ τό φαγητό. (ἑτοιμάζω)

XI - Supply the comparative degree of the adjectives in parentheses:

1. 'Ο Φεβρουάριος εἶναι ___ _____ μήνας ἀπό τό Μάιο. (κρύος)

2. 'Η 'Αμερική εἶναι _____ ἀπό τήν 'Ελλάδα. (μεγάλος)

3. 'Ο Αὔγουστος εἶναι _____ μήνας ἀπό τό Δεκέμβριο. (ζεστός)

4. 'Ο κ. Παυλάκης εἶναι _____ ἀπό τήν κ. Παυλάκη. (ψηλός)

5. 'Η Μαρία εἶναι _____ ἀπό τήν 'Αφροδίτη. (ἄσχημος)

6. "Εχω _____ βιβλία ἀπό τόν ἀδερφό μου. (πολύς)

XII - Supply the superlative degree of the adjectives in parentheses:

1. 'Η Μαρία εἶναι ___ _____ στήν τάξη. (χοντρός)

2. 'Ο κ. Καρπούζας εἶναι ___ _____ δάσκαλος τοῦ Γυμνασίου. (κακός)

3. 'Η Μαρία κάνει ___ _____ δουλειά στήν τάξη. (λίγος)

4. 'Η ἀλήθεια εἶναι ___ _____ ἀπάντηση. (σωστός)

5. 'Η ζωή εἶναι ὁ _____ δάσκαλος. (καλός)

XIII - Supply the appropriate form of the emphatic possessive
   adjective or pronoun:

1. Τό _δικό μας_ παιδί εἶναι μεγαλύτερο ἀπό τό _δικό σας_.
   (our, yours-plural)

2. Ὁ _____ _____ δρόμος εἶναι πιό ἴσιος ἀπό τό _____ _____.
   (their, ours)

3. Ἡ _____ _____ δουλειά εἶναι πιό σίγουρη ἀπό τή _____ ____.
   (her, his)

4. Ἡ _____ _____ μύτη εἶναι μεγαλύτερη ἀπό τή _____ _____.
   (your-singular, mine)

5. Οἱ _____ _____ δάσκαλοι εἶναι καλύτεροι ἀπό τούς _____ _____.
   (our, yours-plural)

XIV - Answer in Greek
         General questions:
         1. Σᾶς ἀρέσει τό σκόρδο στό φαγητό;

         2. Τί καιρό κάνει τώρα;
         3. Τί ὥρα σκοτεινιάζει;
         4. Τί μήνα ἔχουμε;
         5. Πόσες ἐποχές ἔχουμε;
         6. Ποιά εἶναι ἡ καλύτερη ἐποχή;

   Questions on the dialogue:

1. Τῆς ἀρέσει τῆς κυρίας Παυλάκη τό φαγητό;

2. Πῶς θά τῆς ἄρεσε περισσότερο;

3. Ποιό φαγητό εἶναι τό πιό νόστιμο;

4. Ποῦ ἦταν πέρυσι ὁ κ. Παυλάκης;

5. Τί ἔτρωγε κάθε μέρα;

6. Πῶς θά ἤθελε νά δεῖ ὁ δάσκαλος τή γλῶσσα τῆς Μαρίας;

7. Τί λέει ὁ κ. Παυλάκης;

8. Τί θέλει νά κάνουν ἡ Ἀφροδίτη;

9. Γιατί;

10. Τί θέλει ὁ κ. Παυλάκης ἀπό τό γκαρσόνι;

Μέ λένε _____

I - Dialogue recall:

1. _____ ____ _____. ῝Ηρθε ___ _____ __ __ _____.

2. κ. Παυλάκης (ψάχνοντας): _____, __ _____ __ ____ __ _____
   _____ ____.

3. Νίκος: ___ _____, _____. _____. __ _____.

4. Τό _____ _____, ___ _____.

5. κα. Παυλάκη: _____, _____. _____, ἄς ____ _____,
   ____ _____ _____.

6. Μαρία: ___ ___ _____. Πάω ____ _____ ___. Θά
   σᾶς __ __ _____. Ποῦ ___ ____; _____ ____ _____;

7. κ. Παυλάκης: ῎Ας _____ _____ _____ _____ _____ ἤ
   _____, γιατί _____ _____ _____ _____.

8. Νίκος: Νά το, ___ _____, _____.

9. κ. Παυλάκης: _____, Μαρία, ____ _____.

10. Μαρία (_____): _____, κι _____ ___ __ ___ ____.

11. κα. Παυλάκη: _____, Μαρία, ____ _____, . . . καί
    _____ _____ _____ _____ _____ , . . . καί ___
    ___ _____ _____ _____.

12. Μαρία (στό _____): ___ _____ ___ _____ _____
    Φιλοθέη, _____.

13. Εἰσπράκτορας: _____, _____, πῆρες _____
    _____. ῎Αν _____ ___ _____ στάση, ___ _____
    ___ _____ __ _____ σου.

II - Fill in the blanks with the Greek equivalent of the English words
     in parentheses.

1. ῎Εχεις πολλούς _____; (friends)

2. Ἡ _____ τοῦ τραίνου εἶναι στίς δεκατρεῖς καί εἴκοσι.
   (departure)

3. Τό λεωφορεῖο αὐτό πάει στό _____· εἶναι μόνο γιά
   _____ _____ τοῦ ἀπογευματινοῦ _____
   πού ἀναχωρεῖ γιά τήν Ἀθήνα στίς δεκαεφτά ἡ ὥρα.
   (airport, the passengers, airplane)

4. ___ _____ πρέπει νά δοῦνε _____ _____ πρίν
   περάσουν τό δρόμο. (The pedestrians, green light)

5. Κάθε _____ ἔχει _____ ἀνδρῶν καί
   γυναικῶν. (station, toilet)

6. ___ _____ εἶναι πολύ _____ στήν Ἑλλάδα, ἀλλά

τό λεωφορεῖο εἶναι _____. (Gasoline, expensive, cheap)

7. Ὁ _____ δουλεύει στό _____ καί _____

στό σπίτι του. (mechanic, garage, rests)

8. Γιά νά πᾶς ἀπό τή Θεσσαλονίκη στήν Ἀθήνα μέ τό τραῖνο _____

νά _____ _____. (you must, reserve a seat)

III - Supply the correct forms of the passive verbs in parentheses:

1. Τό γκαρσόνι _____ χτές. (πληρώνομαι)

2. Ὁ δάσκαλος _____ γιατί οἱ μαθητές δέν διάβασαν

τό μάθημά τους. (κουράζομαι)

3. Δέν πήραμε τό σωστό λεωφορεῖο, καί _____. (χάνομαι)

4. Ὅταν ὁ δάσκαλος μπῆκε στή τάξη, τά κορίτσια _____.

(σηκώνομαι)

5. Τά παιδιά _____ τρέχοντας χτές βράδυ, γιατί ἔβρεχε

ἔξω. (ἔρχομαι)

IV - Supply the correct form:

1. Κουραστήκατε; θέλετε νά _____; (κοιμοῦμαι)

2. Ἄν θέλεις νά _____ στό τραῖνο, πρέπει νά κρατήσεις

θέση. (κάθομαι)

3. Πότε θά _____ τό ψάρι νά _____; (γίνομαι, τρώω)

4. Θέλω νά _____ κοντά σου, ἀγάπη μου χρυσή. (βρίσκομαι)

5. Θέλω νά _____ στό σπίτι σου, νά σοῦ _____ δυό λόγια.

(ἔρχομαι, λέω)

V - Supply the appropriate form of the verb, taking especial care to
spell correctly:

1. Ἐσεῖς _____ τόν καιρό σας· αὐτός _____ στή δουλειά.

(lose, is lost)

2. _____ στό θέατρο τήν Κυριακή γιατί _____

τό Σάββατο. (We go, I get paid)

VI - Supply the correct tense of the verb:

1. Χτές _____ τούς φίλους μου, αὔριο θά ___ τούς γονεῖς μου.

(βλέπω)

2. Χτές _____ στίς τρεῖς ἡ ὥρα, σήμερα θά _____

στίς πέντε. (ἔρχομαι) (1st person plural)

3. Χτές _____ τά χρήματα, καί σήμερα θά _____ τό

αὐτοκίνητο. (βρίσκω) (3rd person plural)

4. Θά τό _____ τό αὐτοκίνητο χτές ἄν εἶχαν τά χρήματα. (βρίσκω)

5. Θά _____ τούς φίλους σας ἄν ἤσασταν στό σπίτι μου

χτές βράδυ. (βλέπω)

VII - Supply the continuous imperative, formal (plural) form:

1. _____ τήν ἀλήθεια. (λέω)

2. _____ καλά βιβλία. (διαβάζω)

3. _____ μπροστά σας. (βλέπω)

4. _____ πάντα τούς γονεῖς σας. (ἀκούω)

5. _____ τούς κακούς. (προσέχω)

VIII - Supply the correct forms of the first person singular:

1. Θά ____ ἔξω νά _____ μιά μπύρα. (βγαίνω, πίνω)

2. Θά _____ αὔριο νά σέ _____. (ἔρχομαι, βλέπω)

3. Θά _____ στήν τάξη νά _____ τό μάθημα. (μπαίνω, λέω)

4. Θά _____ νά σέ _____. (ἔρχομαι, βρίσκω)

IX - Write out the above sentences, using the second person plural of the verbs and making any other necessary change:

1. _____

2. _____

3. _____

4. _____

X - Supply the correct form of the verbs for the following real conditions, using the first person plural:

1. "Αν _____ ἔξω θά _____ μιά μπύρα. (βγαίνω, πίνω)

2. "Αν _____ αὔριο θά σέ _____. (ἔρχομαι, βλέπω)

3. "Αν _____ στήν τάξη θά _____ τό μάθημα. (μπαίνω, λέω)

4. "Αν _____ θά σέ _____. (ἔρχομαι, βρίσκω)

5. "Αν βρέξει τό βράδυ θά _____ σπίτι. (κάθομαι)

6. "Αν _____ κάτι θά τούς _____. (ἀκούω, λέω)

7. "Αν _____ στό θέατρο θά σοῦ _____.
   (πηγαίνω, τηλεφωνῶ)

XI - Supply the subjunctive:

1. "Οταν _____ τό μάθημα αὐτό, θά πάω νά μεθύσω. (καταλαβαίνω)

2. "Οταν _____ τό κορίτσι μου, θά χορέψουμε. (ἔρχομαι)

3. Πρίν _____ ἄς πάρουμε ἕνα οὐζάκι. (τρώω)

4. "Αν _____ δυό ὧρες, θά κουραστεῖς. (περπατῶ)

5. "Ας _____ πρίν πᾶμε ἔξω. (ξεκουράζομαι)

XII - Answer in Greek
General questions:

1. Εἶναι φτηνή ἡ βενζίνη;

2. Πόσες φιλενάδες ἔχετε;

3. "Αν πᾶς στήν 'Ελλάδα, θά πᾶς μέ ἀεροπλάνο ἤ μέ βαπόρι;

4. Ποιά ὥρα ἔχουμε τήν περισσότερη κίνηση;

5. Τί πρέπει νά πεῖς στό λεωφορεῖο ἄν θέλεις νά κατεβεῖς;

Questions on the dialogue:

1. Σέ ποιόν φέρνει τό λογαριασμό τό γκαρσόνι;

2. Γιατί ψάχνεται ὁ κ. Παυλάκης;

3. Ποιός πληρώνει τό λογαριασμό;

4. Γιατί θέλει νά πάει σπίτι ἡ κα. Παυλάκη;

5. Ποῦ θέλει νά πάει ἡ Μαρία;

6. Τί καιρό κάνει;

7. Τί ξέχασε ἡ Μαρία;

8. Τί θέλει νά πάρει ἡ Μαρία ἀπό τόν εἰσπράκτορα;

9. Πῆρε τό σωστό λεωφορεῖο;

10. Τί πρέπει νά κάνει ἡ Μαρία;

I - Dialogue recall:

1. Ἡ Μαρία _____ _____ ____ ____ _____
   _____ , _____ _____ ____ ____
   _____ .

2. Ἀστυνόμος: _____ ___ _____ ;

3. Μαρία: ___ _____ _____ _____ .

4. Ἀστυνόμος: _____ _____ _____ ;

5. Μαρία: _____ _____ _____ .

6. Ἀστυνόμος: _____ _____ ;

7. Μαρία: _____ _____ ____ _____ , _____ .

8. Ἀστυνόμος: ____ ____ _____ ;

9. Μαρία: ___ ____ _____ .

10. Ἀστυνόμος: Ποῦ _____ ;

11. Μαρία: ___ ____ _____ .

12. Ἀστυνόμος: _____ _____ ____ _____ ;

13. Μαρία: _____ _____ _____ , ____ ____ _____ .

14. Ἀστυνόμος: _____ _____ ἤ _____ σου;

15. Μαρία: _____ . . . ὁδός _____ , _____ 10.

16. Ἀστυνόμος: Νομίζεις; (_____ _____) _____ , ____
    _____ ____ _____ σου;

17. Μαρία (ἀρχίζει ___ _____): ____ , _____ _____ ,
    ___ _____ , _____ _____ ____ _____ ἄν
    _____ _____ .

18. Ἀστυνόμος: _____ _____ τό _____ ___ ;

19. Μαρία: _____ . 635.487.

20. Ἀστυνόμος. _____ _____ ;

21. Μαρία: _____ .

22. Ἀστυνόμος (στόν ἑαυτό του): Βρέ, ____ _____ _____ .
    (στή Μαρία) Βρέ _____ ___ , _____ _____
    _____ ___ _____ σου;

23. Μαρία (βάζει _____ τά κλάματα): _____ ___ _____
    _____ αὐτά, _____ _____ ; _____ ___ ___
    _____ κι _____ με νά πάω _____ μου.

24. Ἀστυνόμος: _____ ___ _____ ___ _____ ____ _____ ,
    εἶσαι _____ .

25. Μαρία: _____ , ____ ____ _____ , _____
    δίκιο.

-47-

26. 'Αστυνόμος: _____ _____ νά σοῦ _____ ___ _____, κι

_____ _____ νά _____ _____.

27. Μαρία: _____ _____, _____ _____. ___

_____, ___ _____ _____ _____, ἀλλά...

II - Fill **in** the blanks with the Greek equivalent of the English
words in parentheses:

1. ___ _____ εἶναι κοντά στό _____. (The pharmacy,
hospital)

2. "Οταν ἔχουμε _____ παίρνουμε _____. **(headache,
aspirin)**

3. Στό νοσοκομεῖο βρίσκονται _____ καί _____.
(physicians, nurses)

4. "Οταν ἔχουμε _____ πηγαίνουμε στόν _____.
(toothache, dentist)

5. 'Ο _____ εἶναι γιατρός ___ _____. (cardiologist,
of the heart)

6. 'Ο _____ εἶναι γιατρός ___ _____.
(dermatologist, of the skin)

7. ___ _____, ___ _____, ___ _____ καί ___
_____ εἶναι μέρη ___ _____. (The feet, the
neck, the head, the hands, of the body)

8. 'Ο κ. Παυλάκης ἀγόρασε ἕνα _____, δυό _____,
καί _____ _____ _____. (trousers, shirts,
red socks)

III - Provide the correct reflexive pronoun:
1. Προσέχω _Τόν ἑαυτό μου_.
2. Λυποῦνται ____ _____ _____.
3. 'Η Μαρία λέρωσε ___ _____ _____ ἐπειδή δέν
πῆγε στό μέρος.
4. 'Ο κ. Καρπούζας μιλάει στόν _____.
5. Γιατί χαμογελᾶτε ___ _ _____ _____;

IV - Supply the imperfect of the contract verbs in parentheses:

1. "Αν _____ θά ἤμουν πιό χαρούμενος. (μπορῶ)
2. "Αν _____ τή μητέρα σου θά σοῦ _____.
(ρωτῶ, ἀπαντῶ)
3. "Αν _____ τή σούπα μας θά τελειώναμε πιό γρήγορα. (φυσῶ)
4. "Αν _____ νά πᾶτε στό μέρος θά ἔπρεπε νά τρέξετε
πίσω ἀπ' ἕνα δέντρο. (ξεχνῶ)

V - Supply the correct form of the imperfect:
1. "Αν _____ θά _____ πιό γρήγορα. (μπορῶ, τελειώνω)
(3rd person singular)

-48-

2. "Αν μοῦ _____ λεφτά, θά τούς _____ θέση στό θέατρο.

   (δίνω 3rd person plural; κρατῶ, 1st person singular)

3. "Αν σ' _____, θά σοῦ τό _____.

   (ἀγαπῶ, λέω) (1st person singular)

VI - Answer in Greek

   General questions:

   1. Πότε γεννήθηκες;

   2. "Εχεις πάντα δίκιο;

   3. Βάζεις τά κλάματα ὅταν σοῦ φωνάζει ὁ δάσκαλος;

   4. Τί κάνουμε ὅταν θέλουμε νά κρατήσουμε θέση στό θέατρο;

   5. Θά σοῦ ἄρεσε περισσότερο ἄν χιόνιζε σήμερα;

   6. Ποῦ θά πηγαίνατε ἄν εἴχατε λεφτά καί καιρό;

   7. Πῶς σέ λένε;

   8. Πόσων χρονῶν εἶσαι;

   9. 'Από ποῦ εἶσαι;

   10. Ποῦ μένεις;

   11. Ποιά εἶναι ἡ διεύθυνσή σου;

   12. Νομίζεις, ἤ εἶσαι σίγουρος;

   13. Φοβᾶσαι τούς ἀστυνόμους;

   14. Μπορεῖς νά μοῦ δείξεις τό δρόμο γιά τό φαρμακεῖο τῆς
       γειτονιᾶς;

   15. Βιάστηκες νά 'ρθεῖς στό σχολεῖο σήμερα τό πρωί;

VII - Match each word in column A with its most natural mate in
      column B:

A		B
πόδια	_____	φάρμακα
κεφάλι	_____	γραβάτα
μάτια	_____	χιόνι
σῶμα	_____	γυαλιά
λαιμός	_____	πιπέρι
βάζο	_____	κάλτσες
ποτήρι	_____	λεφτά
φλυτζάνι	_____	καπέλο
πονοκέφαλος	_____	βρέχει
νοσοκομεῖο	_____	παπάς
φαρμακεῖο	_____	πεζός
λεωφορεῖο	_____	εὐκοιλιότητα
χειμώνας	_____	πουκάμισο
δρόμος	_____	λουλούδια
ἀλάτι	_____	γάλα
συννεφιάζει	_____	καφές
πορτοφόλι	_____	ἐπιβάτης
ἐκκλησία	_____	νοσοκόμα
κοιλόπονος	_____	ἥλιος
ἄνοιξη	_____	ἀσπιρίνη

I -   Taken together, the four pictures on the next page pertain to a specific
        profession. By studying the pictures individually, and the
        relation of one to the other, you should be able to identify
        the profession in question. But your initial tasks are to
        identify what you see, and then to deal with ideas or things
        suggested by what you see. Toward this end, answer the following
        questions. (For additional instructions, see pp. xxii - xxiii
        and pp. 148 - 150 of Demotic Greek.)

Picture A

1. Δ.   Τί βλέπετε στήν 1^{η} εἰκόνα;

   Μ.   _____

2. Δ.   Εἶναι ἄρρωστος ὁ ἄνθρωπος;   (ἄρρωστος: compare the noun
                        ἀρρώστια   and the verb   ἀρρωσταίνω)

   Μ.   _____

3. Δ.   Τί κάνει ἡ νοσοκόμα;

   Μ.   _____

4. Δ.   Πότε παίρνουμε ἀσπιρίνη;

   Μ.   _____

5. Δ.   Ποῦ μποροῦμε νά ἀγοράσουμε ἀσπιρίνη καί ἄλλα φάρμακα;

   Μ.   _____

6. Δ.   Ποιός κάνει τά φάρμακα;

   Μ.   _____

7. Δ.   Εἶναι ἀκριβά ἤ φτηνά τά φάρμακα;

   Μ.   _____

8. Δ.   Μποροῦμε νά ἀγοράσουμε ἀντιβιοτικά χωρίς συνταγή
        ἀπό τό γιατρό;

   Μ.   _____

Picture B

1. Δ.   Τί βλέπετε στή 2^{η} εἰκόνα;

   Μ.   _____

2. Δ.   Γιατί ἔχει πολλά παράθυρα τό νοσοκομεῖο;

   Μ.   _____

3. Δ.   Ποῦ πηγαίνει ὁ κύριος τῆς $1^{ης}$ εἰκόνας ὅταν ἔχει πολύ πυρετό;

   Μ.   _____

4. Δ.   Πῶς θά πάει;

   Μ.   _____

5. Δ. Ποιοί δουλεύουν στό νοσοκομεῖο;

   Μ. _____

6. Δ. Σέ ποιόν πηγαίνεις ὅταν ἔχεις ἀρρώστια τοῦ δέρματος;

   Μ. _____

7. Δ. Σέ ποιόν πηγαίνεις ὅταν ὑποφέρεις ἀπό καρδιά;

   Μ. _____

8. Δ. Σέ ποιόν πηγαίνεις ὅταν ὑποφέρεις ἀπό πονόδοντο;

   Μ. _____

9. Δ. Σέ ποιόν πηγαίνεις ὅταν ἔχεις πυρετό, πονοκέφαλο, κοιλόπονο
       καί εὐκοιλιότητα;

   Μ. _____

10. Δ. Σοῦ κάνει ἔνεση ὁ γιατρός γιά δυσκοιλιότητα;

    Μ. _____

11. Δ. Πίνονται τά ἀντισηπτικά;

    Μ. _____

12. Δ. Μπαίνουμε ἄρρωστοι στό νοσοκομεῖο. Πῶς βγαίνουμε;

    Μ. _____

Picture C

1. Δ. Τί βλέπετε στήν 3η εἰκόνα;

   Μ. _____

2. Δ. Πόσος εἶναι ὁ λογαριασμός;

   Μ. _____

3. Δ. Εἶναι μεγάλος ἤ μικρός ὁ λογαριασμός;

   Μ. _____

4. Δ. Γιά ποιά πράγματα πληρώνει ὁ κύριος;

   Μ. _____

5. Δ. Τί εἶναι ἀκριβότερο, μιά νύχτα στό νοσοκομεῖο ἤ μιά νύχτα
       στό ξενοδοχεῖο;

   Μ. _____

Picture D

1. Δ. Γιατί ὁ κύριος τῆς 1ης εἰκόνας εἶναι πάλι στό κρεββάτι
       μέ πονοκέφαλο;

   Μ. _____

2. Δ. Ποιός εἶναι αὐτός πού πρῶτα μᾶς κάνει καλά καί μετά μᾶς
βάζει πάλι στό κρεββάτι;

Μ. _____ _____ _____

3. Δ. Ποιά εἶναι τά χαρακτηριστικά τοῦ καλοῦ γιατροῦ;

Μ. _____

4. Δ. Ποιά εἶναι τά χαρακτηριστικά τοῦ μή καλοῦ γιατροῦ;

_____

II - Find in column B, a word which is an opposite for each word in column A

A		B
1. καθαρίζω	_____	ἀνεβαίνω
2. ἀρχίζω	_____	κουράζομαι
3. κατεβαίνω	_____	ἀγοράζω
4. χάνω	_____	σηκώνομαι
5. παίρνω	_____	ξεχνῶ
6. φεύγω	_____	τελειώνω
7. πουλῶ	_____	βρίσκω
8. κάθομαι	_____	ἔρχομαι
9. θυμᾶμαι	_____	βγαίνω
10. μπαίνω	_____	λερώνω
11. ξεκουράζομαι	_____	ἀφήνω

III - Supply the correct word in place of the pictures:

'Η Περσεφόνη Πεπόνη ἔχει μιά ξαδέρφη πού λέγεται Παρασκευούλα
Καρπούζα. Μένει στήν 'Αγία Τριάδα, πού εἶναι ἕνα χωριό ἔξω ἀπό
τήν Θεσσαλονίκη.

Μιά μέρα ἡ Περσεφόνη στήν Παρασκευούλα καί τῆς εἶπε

νά 'ρθεῖ στήν πόλη. 'Η 'Αγία Τριάδα εἶναι κοντά στήν

καί ἡ Παρασκευούλα μποροῦσε νά πάει στή Θεσ/νίκη ἤ μέ τό

ἤ μέ τό . 'Επειδή φοβᾶται τήν θάλασσα πῆρε τό λεωφορεῖο.

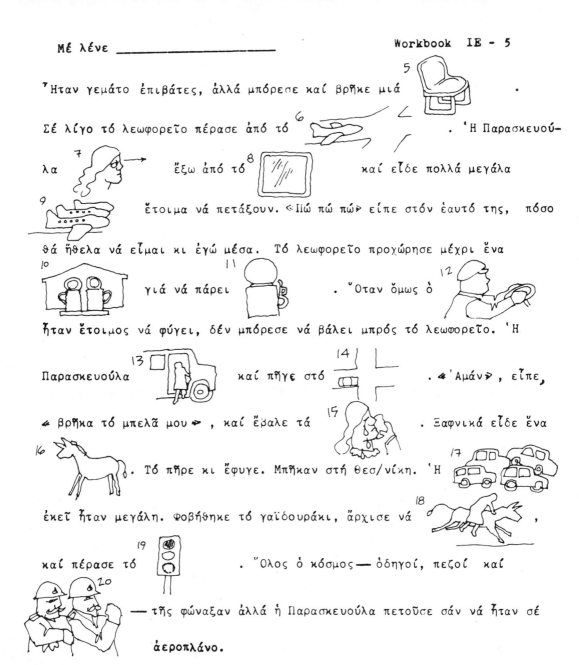

⁷Ήταν γεμάτο ἐπιβάτες, ἀλλά μπόρεσε καί βρῆκε μιά ⁵ .

Σέ λίγο τό λεωφορεῖο πέρασε ἀπό τό ⁶ . 'Η Παρασκευού-

λα ⁷ ἔξω ἀπό τό ⁸ καί εἶδε πολλά μεγάλα

⁹ ἔτοιμα νά πετάξουν. «Πώ πώ πώ» εἶπε στόν ἑαυτό της, πόσο

θά ἤθελα νά εἶμαι κι ἐγώ μέσα. Τό λεωφορεῖο προχώρησε μέχρι ἕνα

¹⁰ γιά νά πάρει ¹¹ . Ὅταν ὅμως ὁ ¹²

ἦταν ἕτοιμος νά φύγει, δέν μπόρεσε νά βάλει μπρός τό λεωφορεῖο. 'Η

Παρασκευούλα ¹³ καί πῆγε στό ¹⁴ . «'Αμάν», εἶπε,

« βρῆκα τό μπελᾶ μου », καί ἔβαλε τά ¹⁵ . Ξαφνικά εἶδε ἕνα

¹⁶ . Τό πῆρε κι ἔφυγε. Μπῆκαν στή Θεσ/νίκη. 'Η

ἐκεῖ ἦταν μεγάλη. Φοβήθηκε τό γαϊδουράκι, ἄρχισε νά ¹⁸ ,

καί πέρασε τό ¹⁹ . Ὅλος ὁ κόσμος — ὁδηγοί, πεζοί καί

²⁰ — τῆς φώναξαν ἀλλά ἡ Παρασκευούλα πετοῦσε σάν νά ἦταν σέ

ἀεροπλάνο.

IV - Translate the passage in No. III, above, into English.

V - Using your translation (no. IV, above) translate the passage back
into Greek.

VI - Transformations. Introduce the word in the margin into the sentence
   and make all necessary changes so that the rest of the sentence
   remains grammatically correct and makes sense.

   Θά πληρώσουμε ἄν δοῦμε τό γκαρσόνι.

Θά πληρώναμε   1. _____

Πλήρωσε   2. _____

   Θά ἀπαντήσουμε ἄν χτυπήσει τό τηλέφωνο.

Θά ἀπαντούσαμε 3. _____

'Απάντησε   4. _____

   Θά πᾶτε ἔξω ἄν δέν βρέξει.

Θά πηγαίνατε   5. _____

Πήγαινε   6. _____

VII - Follow the directions in No. VI, above.

   Εἶπα στόν ἑαυτό μου ὅτι οἱ δικές μου ἰδέες εἶναι οἱ καλύτερες.

Εἴπαμε   1. _____

Εἶπαν   2. _____

Εἴπατε   3. _____

I - Dialogue recall:

1. Ὕστερα ____ _____ ____ ____ ____ _____ ____ _____ ,

χωρίς ___ _____ ____ ___ ____ _____ _____ .

2. Ἡ κα. Παυλάκη ____ _____ _____ ____ _____ ,

καί _____ ___ _____ .

3. Μαρία: Μπορῶ ___ ___ _____ , _____ ;

4. κα. Παυλάκη: ____ , _____ .

5. κ. Παυλάκης: _____ , _____ ____ ____ ____ _____

____ ___ _____ .

6. Νίκος: ___ _____ ____ _____ .

7. κ. Παυλάκης: _____ . ___ ____ _____ ____ .

8. κα. Παυλάκη: Ἐγώ ____ _____ ὄρεξη ___ _____ .

___ _____ ____ _____ , θέλω ___ _____ .

9. Νίκος: ____ ____ _____ , συμφωνῶ _____ .

10. Μαρία: Κι ἐγώ, ___ _____ .

11. κ. Παυλάκης: ___ _____ ____ _____ , _____ ___ ____ ,

_____ ____ ""Ὄρνιθες" _____ ᾽Αριστοφάνη.

12. Ὅλοι: _____ . _____ _____ .

13. (____ _____)

14. Ταξιθέτρια: ___ _____ _____ , _____ .

15. _____ ___ _____ σκαλοπάτια, _____

_____ ___ ____ ____ ____ _____ .

16. Μαρία: _____ ___ _____ _____ ____ .

Πάω ____ ___ _____ _____ . _____ _____ .

(Κατεβαίνει, _____ .)

17. Οἱ _____ _____ ___ _____ , ___ ___

_____ _____ .

II - Fill in the blanks with the Greek equivalent of the English
    words in parentheses:

1. ___ _____ τοῦ Νίκου ἔχει δυό _____ .
                    (The bedroom, beds)

2. Τό κάθε κρεββάτι ἔχει δυό ἄσπρα _____ καί μιά
   _____ . (sheets, blanket)

3. Ὅταν ὁ Νίκος _____ νά _____ ,
   ἀφήνει ____ _____ καί ___ _____
   του στό _____ . (is late, wake up,   the
                 pyjamas, the slippers, floor)

-59-

4. Οἱ "Ορνιθες τοῦ 'Αριστοφάνη εἶναι _____.

ὁ Οἰδίπους Τύραννος τοῦ Σοφοκλέους

εἶναι _____.   (comedy, tragedy)

5. ___ _____ σβήνουν, ___ _____ ἀνοίγει, ___

_____ μπαίνουν στή σκηνή, καί ___ _____

ἀρχίζει. (The lights, the curtain, the actors,
the performance)

III - Provide the present participles:

1. "Ολοι κατεβαίνουν _Τρέχοντας_____. (τρέχω)

2. 'Η Μαρία ἀπαντᾶ _____ στόν ἀστυνόμο. (κλαίω)

3. 'Ο ἀστυνόμος λέει _____, " 'Αμάν, γυναῖκες!" (γελῶ)

IV - Provide the correct tense:

1. 'Ο Νίκος _____ _____ πρίν τηλεφωνήσει ἡ Μαρία. (γυρίζω)

2. Οἱ γονεῖς _____ _____ ὅταν ὁ Νίκος γύρισε στό σπίτι.
(κοιμοῦμαι)

3. "Οταν ἡ οἰκογένεια ἔφτασε στό θέατρο, ἡ παράσταση _____

_____. (ἀρχίζω)

V - Provide the appropriate forms of the object pronoun:

1. _Μοῦ_ ἔδωσε τό βιβλίο. (me)

2. "Εδωσε τό βιβλίο σ' _ἐμένα_. (me)

3. _____ εἶπε τήν ἀλήθεια. (us)

4. Εἶπε τήν ἀλήθεια σ' _____. (us)

5. _____ βλέπει. (them)

6. Βλέπει _____. (them)

7. _____ λέμε ψέματα. (you, plural)

8. Λέμε ψέματα σ' _____. (you, plural)

VI - Provide the appropriate object pronouns, taking care to use
accents correctly:

1. _Τῆς_ ἔδειξε τό μάθημα. (her)

2. Δεῖξε _της_ τό μάθημα. (her)

3. _____ πούλησε ἕνα δίσκο. (them)

4. Πούλησέ _____ ἕνα δίσκο. (them)

5. _____ κράτησε μιά θέση. (me)

6. Κράτησέ _____ μιά θέση. (me)

VII - Rewrite the sentences in Exercise VI, replacing all nouns
by pronouns:

1. _Τῆς_ _τό_ ἔδειξε.

2. Δεῖξε _τῆς_ _το_.

3. _____ _____ πούλησε.

4. Πούλησέ _____ _____.

5. _____ _____ κράτησε.

6. Κράτησέ ____ _____.

VIII - Supply the appropriate tense of the verb:

1. Πέρυσι ὁ κ. Παυλάκης _____ στή Μαρία δέκα δραχμές τήν ἡμέρα.
   (δίνω)

2. Σᾶς εἶπα νά μήν _____ κάθε φορά πού δέν παίρνετε ἄριστα. (κλαίω)

3. Θά _____ τά σκαλοπάτια τρέχοντας ἄν δέν ἤμουν
   κουρασμένος. (ἀνεβαίνω)

4. Θά _____ νά σέ δῶ σέ πέντε λεπτά. (κατεβαίνω)

5. Θά _____ ἄν δέν ἦταν τόσο τραγικό. (γελῶ)(1st per.pl.)

6. Θά _____ ἄν δέν ἦταν τόσο κωμικό. (κλαίω)(1st per.pl.)

7. Ἀμάν, ξεχάσαμε νά _____ πουρμπουάρ στήν ταξιθέτρια. (δίνω)

8. _____ με ! (βοηθῶ, formal imperative)

9. Θά _____ ἄν λές ψέματα. (κλαίω) (1st person singular)

10. Ἡ γυναίκα πρέπει πάντα νά _____ μέ τόν ἄντρα της.
    (συμφωνῶ)

IX - Answer in Greek

General questions:

1. Παίζεις μπουζούκι;

2. Ἔπαιξες ἔξω χτές;

3. Συμφωνεῖς πάντα μέ τούς γονεῖς σου;

4. Θά κλάψεις ἄν δέν σοῦ βάλω ἄριστα;

5. Ἀποφάσισες ποῦ θά πᾶς τό καλοκαίρι;

Questions on the dialogue:

1. Ἄργησε ἡ Μαρία νά γυρίσει στό σπίτι;

2. Τί ἔκανε ἡ κα. Παυλάκη;

3. Τί ἤθελε νά κάνει ἡ Μαρία;

4. Ποῦ ἀποφασίζουν νά πᾶνε;

5. Ἔχει ὄρεξη ἡ κα. Παυλάκη γιά τραγωδία;

6. Γιατί;

7. Ποιοί συμφωνοῦν μέ τή μητέρα;

8. Τί παίζει τό Κρατικό Θέατρο;

9. Τί φωνάζουν ὅλοι μαζί;

10. Τί ἀνεβαίνουν;

11. Πῶς ἀνεβαίνουν;

12. Τί θέλουν νά βροῦν;

13. Τί ξέχασαν νά νοικιάσουν;

14. Πότε ἀρχίζει τό ἔργο;

I - Dialogue recall:
1. Μόλις _____ ____ ____ ____, ____ ____ ___ __ ___

   'Αφροδίτη _____ ____ _____ "Βάκχος", ____

   ____ _____ _____ _____.

2. Οἱ _____ _____ _____ _____ _____.

3. 'Αφροδίτη: _____ _____ ____ ___ _____ _____;

4. Νίκος: _____ _____ _____, καί

   _____ ____ _____.

5. _____ σέ _____ _____.

6. "Αν _____, σοῦ ____ ___ ____ ____ ____ ____

   ___ _____ _____, μά ____ ____ ____ ____ ___

7. Μόλις _____ στήν _____ _____ _____

   τά _____.

8. Σέ λίγο _____ _____.

9. Οἱ _____ _____ _____.

10. Νίκος: _____ _____, ἔ!

11. 'Αφροδίτη: _____ _____; ___ _____

    _____.

12. Νίκος: _____ ____, _____ ___ _____.

ΑΧ ΑΓΟΡΙ ΜΟΥ ΓΛΥΚΟ

. . . .

13. 'Αφροδίτη: _____ ___ ___ ___ ___ ___ _____.

14. Μεθαύριο _____ _____ _____ _____

    ____ _____.

15. Νίκος: ____ ___ ___ ___ __ _____;

16. "Αν ____ _____, δέ _____.

17. 'Αφροδίτη: ____, _____,

    γιατί _____ _____ _____.

18. Νίκος: Κάτσε ___ ___ ___ ___ ___ ___ _____

19. Μιά ___ ___ _____, κρίμα ___ _____.

II - Fill in the blanks with the Greek equivalent of the English
    words in parentheses:
    1. Τό _____ εἶναι τό "νερό ____ _____". (ouzo, of life)
    2. Ἡ _____ εἶναι τό _____ τῆς ζωῆς. (retsina, bread)
    3. ___ _____ πουλάει _____, γλυκίσματα,
       κόκα κόλα, καί οὖζο. (The pastry-shop, ice cream)
    4. Ἡ ζωή στήν 'Αμερική εἶναι _____ ἀπό τή ζωή ____
       _____. (more expensive, of Greece)

5. Πολύς κόσμος νομίζει ὅτι οἱ _____ εἶναι

_____ ἀπό τίς _____.   (dark-complexioned
[girls], tastier, blondes)

6. __ _____ παίζει καί ὁ κόσμος _____.
(The orchestra, dances)

7. Βάζουμε_____ στό _____ καί _____ στό

_____. (phonograph records. phonograph, tapes,
tape recorder)

8. Διαβάζουμε τά_____ στήν ἐφημερίδα καί τά ἀκοῦμε στό

_____. (news, radio)

9. Καλύτερα νά _____ παρά νά κλαῖς. (sing)

10. ῎Ετρεξα ἀλλά δέν _____ τό τραῖνο. (catch)

III - Supply the interrogative adverb (πῶς) or the proper
conjunction (πώς, ὅτι, πού):

1. Ἡ Μαρία ἤθελε νά μάθει _____ νά πάει στή φιλενάδα της.

2. _____ λέγεται τό παιδί τοῦ κ. Παυλάκη;

3. Δέ θυμᾶσαι; Σοῦ εἶπα _____ λέγεται Νίκος.

4. ῎Ελα μέσα. Δέ βλέπεις _____ βραδιάζει;

5. Τούς εἶδα _____ ἔφτασαν.

6. Φύγε, παιδί μου, ἀπό κοντά μου. Δέ βλέπεις _____ μαγειρεύω;

7. Σᾶς εἶπα _____ ἄν γυρίσετε στήν ὥρα σας, θά σᾶς πάρω στή θάλασσα.

IV - Provide the proper demonstrative pronoun or adjective:

1. Αὐτό τό παιδί εἶναι ῞Ελληνας, _____ τό παιδί εἶναι ῎Αγγλος.

2. Δέν ξέρω _____ τίς γυναῖκες, ἀλλά θά τίς γνωρίσω αὔριο.

3. Βλέπετε _____ τούς ἄντρες;

V - Supply the correct form of one of the following adjectives:
παχύς (fat), βαρύς (heavy), φαρδύς (wide). These all follow the
pattern for adjectives in -ύς, -ιά, -ύ (see p. 197, Demotic Greek).

1. Ἡ ὁδός Βενιζέλου εἶναι _____ δρόμος.

2. Τό καρπούζι εἶναι _____.

3. Μ' ἀρέσουν οἱ _____ τραγουδίστριες.

4. Μ' ἀρέσει ἡ _____ μουσική.

5. Τά σκαλοπάτια τῆς κόλασης (hell) εἶναι _____· τά σκαλοπάτια

τοῦ Παραδείσου εἶναι στενά (narrow).

VI - Supply the correct tense of the verb βγαίνω.

1. Χτές, τά παιδιά _____ ἀπό τό σχολεῖο στίς δύο ἡ ὥρα.

2. Αὔριο θά _____ στίς δώδεκα καί μισή.

3. _____ ἔξω κάθε βράδυ ὅταν ἤσουν στήν Ἑλλάδα;

4. Θέλω νά _____ ἔξω νά ψωνίσω (go shopping).

5. Θά _____ ὅλοι μαζί ἄν δέν ἔβρεχε.

VII - Supply the correct tense of the verb θυμοῦμαι:

   1. Χτές δέν _____ νά διαβάσω τό μάθημά μου.

   2. "Αν _____, ἔλα νά μέ δεῖς αὔριο.

   3. _____ τί σοῦ εἶπα!

   4.   "Οσον καιρό ἤμουν στό Παρίσι _____ τίς
       γυναῖκες τῆς Ρώμης.

   5. Σήμερα _____τίς χτεσινές σαχλαμάρες μας καί γελᾶμε .

VIII - Supply the correct form of the imperfect:

   1. Πέρυσι οἱ φίλοι μας _____ καί μᾶς ἔβλεπαν κάθε
       Κυριακή. (ἔρχομαι)

   2. "Οταν ἤμουν παιδί _____ τούς χωροφύλακες. (φοβᾶμαι)

   3. Θά _____ ἄν ἀκούγαμε ὅτι δέν εἴχατε φαγητό. (λυποῦμαι)

   4. _____ πολύ στό καφενεῖο ὅταν ἤσασταν νέος; (κάθομαι)

   5. "Οταν δούλευε τό παιδί μου στό ταχυδρομεῖο _____
       πολύ. (κουράζομαι)

   6. Ἐσύ, ποῦ _____ πέρυσι αὐτό τό μῆνα; (βρίσκομαι)

IX - Supply the correct forms of the imperfect:

   1. "Αν ἡ Μαρία δέν _____ νωρίς στό σπίτι, οἱ γονεῖς της
        θά _____ (ἔρχομαι, ἀνησυχῶ)

   2. Θά _____ στήν Εὐρώπη ὁ φίλος σας ἄν _____ χρήματα;
       (πηγαίνω , ἔχω)

   3. "Αν _____ δύο ἑκατομμύρια δολλάρια δέν θά _____
       μαζί σας. (βρίσκω, 1st person sg.   , βρίσκομαι, 1st
                         person singular)

   4. Γιατί _____ τό παιδί ὅταν τό _____ ἐσύ;
       (κλαίω, κρατῶ)

   5. Ἡ ὀρχήστρα _____, ὁ κόσμος _____ καί ἡ τραγουδίστρια
       _____ μέχρι τό πρωί. (παίζω, χορεύω, τραγουδῶ)

X- Supply the correct form of the verb ὑπάρχω:

   1. Δέν _____ καλύτερο βιβλίο ἀπό τό <u>Demotic Greek</u>.

   2. Πρίν ἀπό μερικά χρόνια δέν _____ ντομάτες στήν Ἑλλάδα
       τό χειμώνα, ὅμως τώρα _____ .

XI - Answer in Greek

   General questions:

   1. Σ' ἀρέσουν οἱ γυναῖκες πού εἶναι πετσί καί κόκκαλο;

   2. Χειροκροτᾶς ὅταν δέν σ' ἀρέσει τό θέατρο;

   3. 'Ανοίγει ἡ ὅρεξή σου ὅταν μυρίζεις ἀρνάκι ψητό;

   4. Σ' ἀρέσει τό μπουζούκι;

   5. Ξέρεις κανένα ἑστιατόριο πού νἆναι καί καλό καί φτηνό;

   6. Μιά καί ὑπάρχεις, δέν θέλεις νἆσαι χαρούμενος;

   Questions on the dialogue:

   1. Ποῦ πῆγαν ὁ Νίκος καί ἡ 'Αφροδίτη μόλις τελείωσε τό ἔργο;

   2. Ποῦ βρίσκεται ἡ ταβέρνα;

   3. Γύρισαν οἱ ἄλλοι στό σπίτι;

   4. Γιατί;

   5. Γιατί προτιμᾶ ὁ Νίκος τήν ταβέρνα αὐτή;

   6. Εἶναι φτηνή αὐτή ἡ ταβέρνα;

   7. 'Ερχόταν τακτικά στήν ταβέρνα αὐτή ὁ Νίκος;

   8. Οἱ ἄλλες οἱ ταβέρνες εἶναι ἀκριβές;

   9. Τί τούς μύρισε ὅταν μπῆκαν στήν ταβέρνα;

   10. Ποιός βγῆκε σέ λίγο;

   11. Τί ἔκαναν οἱ πελάτες;

   12. Εἶναι ἄσχημη ἡ τραγουδίστρια;

   13. Τί νομίζει ἡ 'Αφροδίτη;

   14. Τί ἀρχίζει μεθαύριο;

   15. Τί θἄχουν μεθαύριο;

   16. ῟Ηταν καλό τό κρασί;

   17. Μέθυσαν;

   18. Γιατί θέλει ἡ 'Αφροδίτη νά φύγουν ἀμέσως;

   19. Γιατί ἤθελε ὁ Νίκος νά τελειώσουν τό κρασάκι;

I - Dialogue recall:

1. ___ _____ _____ _____ _____.

2. 'Αγοράζουν _____ _____ _____ _____ _____
   _____ _____.

3. ___ _____ κι ἀπό _____ _____ _____ _____ _____ _____
   ἤ _____ _____ _____.

4. Μαρία (σιγά): _____ ___ _____ _____, _____.

5. κα. Παυλάκη: _____, _____. Μιά ___ _____
   _____ 'βδομάδα _____ ___ _____ _____
   _____ _____.

6. Ἡ Μαρία _____.

7. Οἱ _____ _____.

8. Κάπου _____ ___ _____ _____ _____ _____.

9. Ἡ _____ _____.

10. ___ _____ _____, καί _____ στή _____ της:
    _____, _____.

11. κα...Παυλάκη: _____ _____ _____ _____, Μαρία, _____ _____.

12. Σκέφου ___ ___ _____ ___ _____ ___ _____.

13. _____ _____.

14. _____ _____ _____ _____.

15. ___ _____ _____ ἀπ'τό _____.

16. Κρατάει ___ _____ _____ _____ _____ φῶς, ___ ___ _____
    _____ τό _____ _____, καί _____: Δεῦτε,
    λάβετε φῶς...

17. Σέ _____ _____ _____ ___ _____ _____ _____ _____.

18. _____.

19. Ὁ _____ _____ _____ _____ _____ _____.

20. Ὁ _____ _____ ___ Εὐαγγέλιο _____ _____ _____:
                    Χριστός ἀνέστη ἐκ νεκρῶν
            . . . .

II - Fill in the blanks with the Greek equivalent of the English
     words in parentheses:

1. ___ _____ κάνει ___ _____ καί ___ _____ _____ _____.
                    (the chicken, the egg, the egg, the chicken)

2. Στήν ἐκκλησία βλέπουμε _____ _____ καί ἀναμμένα _____.

3. "Αν δέν _____ αὐγά, ὁμελέτα δέν γίνεται. (break, 1st per., pl)

4. Τό _____ δέν κάνει τόν παπά. (priest's robe)

5. _____ _____, ἡ _____ θά πιάσει. (be patient -singular
imperative-, fire)

6. 'Ο _____ καί ἡ _____ μου ζοῦν ἀκόμα. (grandfather,
grandmother)

7. 'Ο θεῖος μου _____ _____ _____. (sells, many, birds)

III - Provide the appropriate form -continuous or simple- of the
familiar (singular) imperative:

1. _____ καλά! (μιλῶ, continuous)

2. _____ γρήγορα!(μιλῶ, simple)

3. _____ κάθε μέρα!(γλεντῶ, continuous)

4. _____ τώρα! (γλεντῶ, simple)

5. _____ καί ἡ ζωή θά σοῦ χαμογελάσει. (χαμογελῶ, continuous)

6. _____ γιά νά σέ βγάλω φωτογραφία. (χαμογελῶ, simple)

7. _____ τό στόμα σου κλειστό.   (κρατῶ, continuous)

8. _____ τό χέρι μου νά περάσουμε τό δρόμο. (κρατῶ, simple)

IV - Provide the correct form of the verb σωπαίνω.

1. _____ γιατί σκέφτομαι. (continuous imperative, singular)

2. Πότε θά _____ ἐσύ, γιά νά μιλήσω κι ἐγώ.

3. "Αν _____ ἐσύ, θά μιλοῦσα κι ἐγώ.

4. 'Εγώ θά _____ ἀμέσως· ἄν ἔλεγες κάτι σπουδαῖο.

5. "Οταν ἄκουσα χτές τά ἄσχημα νέα, _____.

V - Supply the simple imperative of the verbs in parentheses:

1. _____ τί θά ποῦν οἱ ἄλλοι. (σκέφτομαι, familiar form)

2. _____ τί σοῦ εἶπα. (θυμοῦμαι)

3. Μήν _____· Δέν χάθηκε ὁ κόσμος. (βιάζομαι, formal form)

4. Κουράστηκες. _____ ἀμέσως. (κοιμοῦμαι)

5. _____ νά πᾶμε στήν ἀγορά. (ἑτοιμάζομαι, familiar form)

VI - Supply the correct form of the noun φῶς.

1. 'Η πόλη φωτίζεται μέ πολλά _____.

2. Τό _____ εἶναι ἀκριβό στήν 'Ελλάδα.

3. Τό Παρίσι εἶναι ἡ πόλη τοῦ _____.

VII - Supply the relative pronoun:

1. Ποιό ἦταν τό παιδί μέ ___ _____ μιλοῦσες χτές;

2. Ποιοί ἦταν οἱ ἄνθρωποι μέ ____ _____ μιλοῦσες χτές;

3. Αὐτά εἶναι τά αὐγά μέ ____ _____ θά κάνεις ὀμελέτα;

4. Ποιές ἦταν οἱ γυναῖκες μέ ____ _____ περπατοῦσες χτές;

VIII - Answer in Greek

General questions:

1. Μαζεύεις γραμματόσημα;

2. 'Από ποιές χῶρες;

3. 'Ανυπομονεῖς νά πᾶς ταξίδι;

4. Νηστεύει ἡ οἰκογένειά σου κάθε Παρασκευή;

5. Ποῦ περιμένεις νά πάρεις τό λεωφορεῖο;

Questions on the dialogue:

1. Ποῦ μπαίνει ἡ οἰκογένεια;

2. Τί ἀγοράζουν;

3. Ποῦ εἶναι τά αὐγά;

4. Γιατί δέν μπορεῖ νά περιμένει ἡ Μαρία;

5. Τί κάνουν οἱ ψαλτάδες;

6. Τί ξαναλέει ἡ Μαρία στή μητέρα της;

7. Τί τῆς ἀπαντάει ἡ μητέρα;

8. Γιατί ἀνησυχεῖ ἡ μητέρα;

9. Τί κάνει ὁ κόσμος ὅταν κοντεύουν τά μεσάνυχτα;

10. 'Από ποῦ βγαίνει ὁ παπάς;

11. Τί κάνει μέ τό ἅγιον φῶς;

12. Τί γίνεται σέ λίγο;

13. Τί κάνει ὁ κόσμος τά μεσάνυχτα;

14. Πῶς ψάλλει ὁ παπάς;

I - Dialogue recall.

1. _____ ___ _____ _____ _____.

2. Ἡ Ἀφροδίτη ____ __ _____ _____ _____.

3. Οἱ _____ _____ _____ _____ _____ _____ καί

   _____ _____.

4. ___ _____ ἦταν ____ _____ ____ ____ _____ θά ____ _____

5. Ὁ κ. Παυλάκης _____ _____ _____ _____ _____

   τό γιό _____ _____

6. Ἡ κυρία Παυλάκη _____ _____ _____ _____ _____

   _____ _____ _____

7. (στήν ἐκκλησία):

8. ___ _____ _____ ____ _____.

9. ___ _____ _____ ἡ Ἀφροδίτη _____ _____ _____.

10. ___ _____ _____ _____ γινόταν.

11. ____ _____ _____ _____ _____ _____ ___ ____

12. ___ _____ ὅμως _____ _____ _____.

13. _____ ἡ _____ ν'ἀλλάξουν _____ _____.

14. ___ _____ _____ _____ _____ _____.

15.. _____ πιά, _____ _____, ___ _____, ___ _____,

   _____ καί ___ _____, χορεύουν ___ _____ _____ Ἡσαΐα.

16. ___ _____ _____ _____ _____ _____ στή νύφη

   καί ___ _____, ἡ δέ Μαρία ____ _____ καί τά

   _____ _____ _____.

II - Fill in the blanks with the Greek equivalent of the English
    words in parentheses:

1. Καλή _____ κάνει τό _____ χαρούμενο. (mother-in-law,
                                                  married couple)

2. Ὁ _____ ἔχει _____ τσέπη, ὁ _____ πλούσια καρδιά.
              (old man, wealthy, young man)

3. Ὁ _____ μου _____ πολλές _____.
              (cousin -male, is acquainted with, young ladies)

4. Ἡ _____ ἔρχεται μόνη της. (sleepiness)

5. Ἄς την νά _____ ὥσπου νά γαυγίσουν οἱ _____
                                                  (wait, cats)

6. Ὁ _____ εἶναι ὁ καλύτερος φίλος τοῦ ἀνθρώπου. (dog)

III - Provide the correct tense of the appropriate verb

   (either φτάνω or καταφέρνω).

1. Νομίζω ὅτι οἱ καλεσμένοι θά _____ στήν ὥρα τους.

2. Χτές ὕστερα ἀπό τό γάμο, τό ἀντρόγυνο _____ νά βρεῖ φτηνό σπίτι.

3. Νά δοῦμε ἄν τά _____ νά φτάσουμε στήν ὥρα μας.

4. "Αν δέν _____ νωρίς νά μέ βοηθήσεις δέν θά τελείωνα τή δουλειά μου.

5. Θά τά _____ ἄν μοῦ ἔδινες ἕνα χέρι.

IV - Answer in Greek

General questions:

1. "Εχεις πολλούς συγγενεῖς;

2. Εἶσαι παντρεμένος;

3. Τελειώσαμε πιά τό βιβλίο μας. Πῶς αἰσθάνεσαι;

4. Λυποῦνται οἱ μητέρες ὅταν παντρεύονται οἱ μονάκριβοι γιοί τους;

5. Ξέρεις νά χορεύεις ἑλληνικούς χορούς;

Questions on the dialogue:

1. Τί ἀποφάσισαν νά κάνουν ὁ Νίκος καί ἡ 'Αφροδίτη;

2. Ποιόν κάλεσαν οἱ γονεῖς τους;

3. Γιατί ἦταν στίς καλές της ἡ Μαρία;

4. Τί αἰσθάνθηκε ὁ κ. Παυλάκης;

5. Γιατί;

6. Γιατί λυπήθηκε ἡ κα. Παυλάκη;

7. Τί διαβάζει ὁ παπάς;

8. "Ηξερε ἡ Μαρία τί ἔκανε;

9. "Αλλαξε καλά τά δαχτυλίδια;

10. Πότε τά κατάφερε καλά ἡ Μαρία;

11. Τί γίνεται ὕστερα ἀπό τά στέφανα;

12. Τί κάνουν οἱ φίλοι;

13. Ποιά εἶναι ἡ νύφη;

14. Ποιός εἶναι ὁ γαμπρός;

15. Τί κάνει ἡ μονάκριβή μας ἡ Μαρία;

I - Complete the sentences sensibly:

1. Δέν ἔχω ὄρεξη, δέν θέλω νά _____.

2. Ὅταν νηστεύω, δέν _____.

3. Ὅταν σωπαίνω, δέν _____.

4. Ὅταν αἰσθάνομαι πόνο πηγαίνω στό _____.

5. Ὅταν πίνω _____.

6. Ὅταν λυποῦμαι _____.

7. Ὅταν παίρνω τό λογαριασμό _____.

8. Ὁ ψάλτης ψάλλει στήν _____.

9. Ὁ γαμπρός καί ἡ νύφη _____.

10. Τό Πάσχα σπάζουμε _____.

11. Ὅταν βιάζομαι τά κάνω _____.

II - Define or describe each of the following: ἄντρας, ζωή, δάσκαλος,
     πατέρας   using the word λάθος   as the central
     part of your answer.

     E.g.,

Γυναίκα: _Νομίζω ὅτι οἱ ἄντρες κάνουν λάθη._ _____

1. Ἄντρας: _____

2. Δάσκαλος: _____

3. Ζωή: _____

4. Πατέρας: _____

III - In the Workbook exercises for chapter 10 (exercise I) and for
      chapter 15 (exercise III) you were given stories with certain
      words missing, and these words were suggested by pictures.
      Now, here is the same type of exercise, with the difference that
      the entire story is missing. The following pictures are placed
      in a sequence which should suggest to you a narrative in which the
      words indicated by the pictures may be used. Write such a narrative.

1

2

3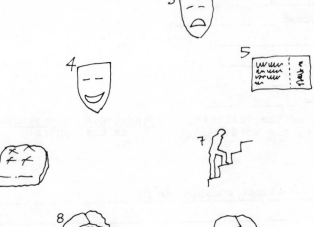

4

5

6

7

8

9

10

11

12

Μέ λένε _____   Workbook   K - 3

IV - Translate each of the maxims into English:

A λήθεια χωρίς ψέμματα, φαΐ χωρίς ἁλάτι.

B λέπε, ἄκου, σώπα.

Γ άμος χωρίς γαμπρό δέν γίνεται.

Δ ιάλεξε τή γυναίκα τό Σάββατο, κι ὄχι τήν Κυριακή στήν ἐκκλησία.

E λᾶτε νά δεῖτε θαύματα· ὁ Χριστός πουλεῖ λεμόνια.

Z εῖς γιά νά τρῶς, ἤ τρῶς γιά νά ζεῖς;

H καλή μέρα ἀπ'τό πρωί φαίνεται.

Θ ά 'ρθεῖ καί μᾶς ἡ σειρά μας.   *Our turn will come*

I σια νά κοιτάζεις καί δέν θά πέσεις.   *Look straight and you won't fall*
   " *now*

K αλύτερα νά κλάψει τό παιδί παρά νά κλάψει ἡ μάνα.

Λ έγε τήν ἀλήθεια νἄχεις τό Θεό βοήθεια.

M άτια πού δέν βλέπονται γρήγορα ξεχνιοῦνται.   *Absence → forgetfulness*

N ά τόν φυσήξεις θά πέσει.

Ξ έρει ὁ σκύλος τόν κύριό του.

O ,τι λάμπει δέν εἶναι χρυσός.

Π ές μου τό φίλο σου νά σοῦ πῶ ποιός εἶσαι.

P ώτα με νά σέ ρωτῶ, νά περνοῦμε τόν καιρό.

Σ κύλος καί γάτα φίλοι δέν γίνονται.

T ρώγωντας ἔρχεται ἡ ὄρεξη.

Y στερα ἀπό τό Χριστό ὅλοι οἱ προφῆτες εἶναι γαϊδούρια.

Φ ίλε, σάν σέ βλέπω τότε σέ θυμοῦμαι.

X άνει ἡ μάνα τό παιδί καί τό παιδί τή μάνα.

Ψ ωμιά δέν ἔχουμε κι ἀγκινάρες θέλουμε.

Ω ς πού νά πεῖς « τσάκ » ἔγινε.

V - Select two of the above maxims and write a short essay about each.

VI - Write at least two maxims, basing each on one of the following
words: 1. ἀργά

   2. μάγειροι

   3. γιός

   4. δέντρο

Example: ὑπομονή
  Maxim: Μέ τήν ὑπομονή ὅλες οἱ δουλειές γίνονται.

I - Dialogue recall.   See <u>Demotic Greek</u>,   p. 3.

II - Vocabulary

   1. ἄντρας
   2. γυναίκα
   3. ἀγόρι
   4. κορίτσι
   5. ἡ γραβάτα
   6. τό σακάκι
   7. τά ροῦχα

III - Questions on the dialogue (possible answers)

   1. Αὐτός εἶναι ὁ πατέρας.
   2. Αὐτός εἶναι ὁ Νίκος.
   3. Αὐτή εἶναι ἡ μητέρα.
   4. Αὐτή εἶναι ἡ Μαρία.
   5. Αὐτός εἶναι ὁ ἄντρας.
   6. Αὐτό εἶναι τό ἀγόρι.
   7. Αὐτή εἶναι ἡ γυναίκα.
   8. Αὐτό εἶναι τό κορίτσι.
   9. Πίσω ἀπό τά παιδιά.
  10. Μπροστά ἀπό τούς γονεῖς.

IV - Plurals

1. οἱ πατέρες	8. τά κορίτσια
2. οἱ μητέρες	9. οἱ καναπέδες
3. τά παιδιά	10. οἱ γραβάτες
4. οἱ ἀδερφοί	11. τά σακάκια
5. οἱ ἀδερφές	12. τά ροῦχα
6. οἱ ἄντρες	13. τά ἀγόρια
7. οἱ γυναῖκες	14. οἱ καρέκλες

ANSWER SHEET FOR WORKBOOK B

I - Accents (monotonic system)
1. Αυτή είναι η φωτογραφία από το πρώτο μάθημα.
2. Κοντά στο βάζο είναι μια εφημερίδα.
3. Κάτω απ' το τραπέζι είναι ένα χαλί.
4. Η φωτογραφία είναι κοντά στο παράθυρο.

II - Dialogue recall. See <u>Demotic Greek</u>, p. 9.

III - vocabulary
1. χερούλι
2. σωλήνες
3. τζάμια
4. καρφί
5. πάτωμα
6. νερό

IV - plurals
1. τά ξύλα
2. τά ταβάνια
3. τά τραπέζια
4. τά λουλούδια
5. τά σπίρτα
6. τά παράθυρα
7. τά χώματα
8. οἱ σωλῆνες
9. οἱ ἀτμοί
10. τά χαλιά
11. τά δωμάτια
12. οἱ πόρτες
13. οἱ ἀδερφοί
14. οἱ κύριοι
15. τά καρφιά

V - verbs
1. εἶσαι
2. εἴμαστε
3. εἶμαι
4. εἶναι
5. εἶναι
6. εἶναι
7. εἶστε
8. εἶναι
9. εἶναι
10. εἶναι
11. ἔχω
12. ἔχουν
13. ἔχεις
14. ἔχει
15. ἔχουμε
16. ἔχουν
17. ἔχει
18. ἔχετε
19. ἔχει
20. ἔχουν

VI - numbers
1. ἔνας
2. δυό
3. μιά
4. πέντε
5. τρεῖς
6. τέσσερες
7. τρία
8. ὀχτώ
9. ἔνα
10. τέσσερα
11. **τέσσερις**
12. ἔξι
13. ἐννιά (ἐννέα)
14. δέκα
15. μιά
16. ἔνας

VII - Questions (possible answers)
1. Ἔχω ἔναν ἀδερφό.
2. Δυό.
3. Μία.
4. Ἔναν.
5. **Τέσσερις.**
6. Εἶναι στόν τοῖχο.
7. Εἶναι πλάι στή φωτογραφία.
8. Πίσω ἀπ' τό τραπέζι.
9. Μπροστά ἀπ' τό παράθυρο.
10. Ἔνα κουτί τσιγάρα, ἔνα κουτί σπίρτα, καί ἔνα βάζο μέ λουλούδια.
11. Μιά ἐφημερίδα.
12. **Τέσσερις** καρέκλες.
13. Ἔνα χαλί.
14. Μία.
15. Κοντά στό τραπέζι καί μακριά ἀπ' τή σόμπα.

VIII - Translation
1. Ἐδῶ εἶναι μιά φωτογραφία.
2. Ἡ φωτογραφία αὐτή εἶναι στό δωμάτιο.
3. Μιά ἐφημερίδα εἶναι πάνω στό τραπέζι.
4. Γύρω ἀπ' τό τραπέζι εἶναι **τέσσερις** καρέκλες.
5. Τό δωμάτιο ἔχει μιά πόρτα.

I - Breath marks and accents
1. Τό σπίτι ἔχει ἕνα παράθυρο καί μιά πόρτα.
2. Θέλω ἕνα καρπούζι, παρακαλῶ. Πόσο κάνει;
3. Τρεῖς δραχμές γιά τούς ᾽Αμερικανούς.
4. ῎Αφησε τ' ἀστεῖα, καλέ, καί πές μου πόσο κάνει.

II - Dialogue recall. See <u>Demotic Greek</u>, p. 17.

III - vocabulary
1. ντομάτες, πιπεριές
2. σταφύλια, πεπόνια, μπανάνες
3. καπέλλα, παπούτσια, παλτά
4. κάρο, γαϊδούρι
5. μουστάκι, γραβάτα, σακάκι
6. φιλά
7. στέγη
8. μισό κιλό

IV - singular/plural
1. τό κατάστημα
2. τά καρότα
3. τά πρόσωπα
4. τό λάστιχο
5. ὁ ἀριθμός
6. τά πορτοκάλια
7. ἡ δραχμή
8. τά σπίτια
9. οἱ ἐφημερίδες
10. τά μαγαζιά

V - verbs
1. ἀγοράζει
2. ἀγοράζω
3. ἀγοράζουν
4. ἀγοράζουν
5. ἀγοράζετε
6. ἀγοράζει
7. ἀγοράζουν
8. ἀγοράζουμε
9. ἀγοράζεις
10. ἀγοράζει
11. ἀνοίγει
12. ἔχει
13. εἶσαι
14. βλέπουν
15. κάθονται, μιλοῦν
16. θέλουμε
17. κάνουν
18. πηγαίνετε

VI - Numbers

1. ---
2. ῞Εντεκα, δώδεκα, εἴκοσι τρία
3. Δεκαπέντε, δεκαοχτώ, τριάντα τρία
4. Δεκαεννέα, εἴκοσι, τριάντα ἐννέα
5. Εἴκοσι, τριάντα, πενήντα
6. Σαράντα, πέντε, σαράντα πέντε
7. Πενήντα, δεκατρία, ἑξήντα τρία
8. Τριάντα, ἑξήντα, ἐνενήντα
9. ᾽Εβδομήντα, δεκαεννέα, ὀγδόντα ἐννέα
10. ᾽Ογδόντα, εἴκοσι, ἑκατό

VII - General questions (possible answers)
1. Σαράντα σέντς.
2. ῎Εχω.
3. ᾽Αγοράζω τούς Τάιμς.
4. Δυό δραχμές.
5. Τέσσερα.

Questions on the dialogue
1. ῎Εξω ἀπ' τό σπίτι τοῦ
   κυρίου Παυλάκη.
2. ᾽Ανοίγει τήν πόρτα.
3. Στό αὐτοκίνητο.
4. Μιά ἐφημερίδα.
5. ῞Ενα.
6. Μία.
7. ῞Ενα δέντρο.
8. Δυό γυναῖκες.
9. Κάθονται καί μιλοῦν.
10. ᾽Απ' τό μανάβη.

VIII - Translation

1. Εἴμαστε ἔξω ἀπ' τό σπίτι.
2. ᾽Ανοίγει τήν πόρτα καί πηγαίνει στ' αὐτοκίνητο.
3. ῎Εχει μιά ἐφημερίδα στό χέρι.
4. Θέλω ἕνα καπέλλο, παρακαλῶ. Πόσο κάνει;
5. ῎Αφησε τ' ἀστεῖα.

I - Breath marks and accents

1. Ἀνοίγει τήν πόρτα καί κάθεται στό γραφεῖο του.
2. "Ασε τή δουλειά καί πές μου, μ' ἀγαπᾶς;
3. Εἶναι ψηλή κι ὅμορφη.
4. Δέν πρέπει νά μοῦ τηλεφωνεῖς αὐτή τήν ὥρα.

II - Dialogue recall. See "Demotic Greek," p. 25.

III - vocabulary	IV - sg. & pl.	V - verbs
1. ταχυδρομεῖο, γραμματόσημα	1. τά αὐτοκίνητα	1. Ἀκούω
2. γραφομηχανή	2. οἱ γραμματεῖς	2. Βλέπω
3. βιβλία, βιβλιοθήκη	3. τά ρολόγια	3. φέρνει
4. στυλό, μολύβια	4. ὁ καφές	4. ἀγαπάει
5. γυαλιά, μάτια	5. οἱ μῆνες	5. μιλοῦν
6. μουστάκι, γένια	6. ἡ μέρα	6. ἀνοίγει
7. μήνας, μέρες	7. τό γράμμα	7. χτυπάει
8. καφές, ζεστός	8. οἱ δίσκοι	8. πηγαίνω
9. ρολόι	9. τό στυλό	9. καταλαβαίνει
10. αὐτί	10. τά τηλέφωνα	10. χαμογελάει

VI - Time

1. δύο καί δεκαπέντε, δύο καί τέταρτο
2. πέντε καί πέντε
3. ἐξίμιση, ἔξι καί μισή, ἔξι καί τριάντα
4. δεκατέσσερις καί σαράντα πέντε
5. ἐφτά
6. μιάμιση, μία καί μισή, μία καί τριάντα
7. μεσημέρι
8. μεσάνυχτα

VII - General questions (possible answers)

1. Ναί, ἔχω.
2. Πέντε καί εἴκοσι.
3. Ναί, καταλαβαίνω τό μάθημα.
4. Ἀκοῦμε μέ τ' αὐτιά μας.
5. "Εχω δεκαπέντε δολλάρια (λίρες, δραχμές).

Questions on the dialogue

1. Μέ τ' αὐτοκίνητό του.
2. Στό γραφεῖο του.
3. "Ενα παιδί.
4. "Ενας καφές καί ἕνα ποτήρι κρύο νερό.
5. Ὁρίστε, κύριε.
6. Εἶναι ἡ γραμματέας τοῦ κυρίου Παυλάκη.
7. Ναί, εἶναι ψηλή καί ὅμορφη.
8. Λέει "'Εμπρός".
9. Ναί, ἀγαπᾶ τό Νίκο.
10. Νίκο, δέν πρέπει νά μοῦ τηλεφωνεῖς αὐτή τήν ὥρα, γιατί ἔχω δουλειά. . . .

VIII - Translation

1. Κάθε μέρα ἕνα παιδί φέρνει καφέ στόν κ. Παυλάκη.
2. Εἶναι ψηλή κι ὅμορφη.
3. Δέν πρέπει νά μοῦ τηλεφωνεῖς στίς τέσσερις ἡ ὥρα.
4. Καταλαβαίνει καί χαμογελᾶ.
5. Μ' ἀγαπᾶς;

I - **Possible answers:**

1. Κάθονται στό τραπέζι καί μιλοῦν.
2. Τό αὐτοκίνητο τοῦ κ. Παυλάκη.
3. Βλέπουμε μία φωτογραφία.
4. Ἔχει τρία λουλούδια.
5. Πάνω στό τραπέζι.
6. Εἶναι τέσσερις καρέκλες.
7. Κοντά στό παράθυρο.
8. Τηλεφωνοῦμε.
9. Ὄχι, δέν ἔχει παλτό.
10. Στό χέρι του.

II -

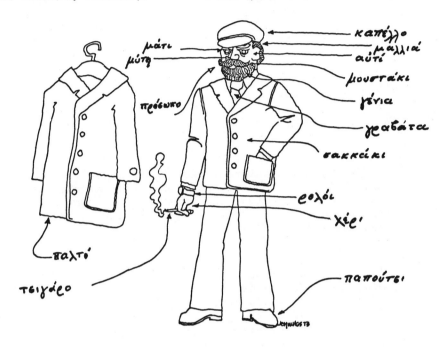

III -

IV -

	A	B		A	B
1.	ἀδερφός	ἀδερφή	11.	γένια	μαλλιά
2.	πατέρας	μητέρα	12.	πάτωμα	ταβάνι
3.	πρωί	βράδυ	13.	κοντά	μακριά
4.	ἀγόρι	κορίτσι	14.	δραχμές	λεφτά
5.	κουτί	σπίρτα	15.	ρέστα	ψιλά
6.	βάζο	λουλούδια	16.	ὄχι	ναί
7.	πίσω	μπροστά	17.	ὥρα	ρολόι
8.	νύχτα	μέρα	18.	γραμματόσημο	ταχυδρομεῖο
9.	σωλήνας	σόμπα	19.	μπανάνα	καρπούζι
10.	ζεστός	κρύος	20.	ντομάτα	πατάτα

V -

1. Ποιά   6. Γιατί
2. Πόσους   7. Τί
3. Ποῦ   8. Πόσα
4. Πῶς   9. Τί
5. Ποῦ

VI -   Ὁ Νίκος ἀνοίγει τήν πόρτα καί βλέπει τούς γονεῖς του πού κάθονται καί μιλοῦν. Στά χέρια του ἔχει μιά ἐφημερίδα καί ἕνα καρπούζι. Ἡ Μαρία δέν εἶναι στό δωμάτιο· εἶναι ἔξω ἀπ'τό σπίτι. Ἀνοίγει τό παράθυρο καί ἀκούει τί λένε οἱ γονεῖς της. Ὁ Νίκος βλέπει τήν ἀδερφή του καί τήν χτυπάει μέ τήν ἐφημερίδα.

VII - 1. Δύο.   5. Τό ἀπόγευμα ἤ τό βράδυ.
       2. Δύο.   6. Τή νύχτα.
       3. Μία.   7. ἑκατόν εἴκοσι.
       4. Τό πρωί   8. ἐννέα κιλά.
                      9. Στίς _ _ _ _ _ ἡ ὥρα.
                      10. Κάνει _ _ _ _ _ .

VIII - 1. Ἀκοῦς   4. Ἀγαπᾶς
       2. Μιλᾶς   5. Λές
       3. Ἔχεις   6. Χαμογελᾶς

IX - 1. Ἀκοῦμε   5. Παρακαλοῦμε
      2. Καταλαβαίνουμε   6. Τηλεφωνοῦμε
      3. Ἀγαποῦμε   7. Φέρνουμε
      4. Λέμε

I. Dialogue recall.   See p. 51.

V. Direct object pronouns:

II. Singular-plural:

1. οἱ μαθήτριες
2. οἱ δάσκαλοι
3. τά σχολεῖα
4. ἡ τάξη
5. τά κορίτσια
6. ἡ προσευχή
7. ὁ κατάλογος
8. ὁ διάβολος
9. τά γυμνάσια

III. Adjectives:

1. ψηλή
2. ψηλός
3. ψηλό
4. χοντρό
5. ὄμορφες
6. κοντός
7. ἄσχημη
8. ὄμορφο
9. καλές
10. ζεστό - κρύο

IV. Verb forms:

1. λέει
2. μουρμουρίζει
3. βλέπουν, κοιτάζουν
4. βλέπουμε
5. ἀκούει
6. πηγαίνετε
7. μπαίνεις
8. κάθονται
9. σηκώνονται
10. φωνάζει

V. Direct object pronouns:

1. τό
2. τόν
3. τούς
4. τήν
5. τίς
6. τό
7. τ'
8. τούς
9. τά
10. τήν

VI. General Questions:

1. Ναί, τούς ἀγαπῶ.
2. Ναί, τόν ἀκούω.
3. Ὄχι, δέν τίς χτυπᾶμε.
4. Ὄχι.
5. Ναί, ἔχω.

Questions on the dialogue:

1. Στό σχολεῖο.
2. Εἶναι μαθήτρια.
3. Στήν τετάρτη.
4. Εἶναι δεκαέξι.
5. Ὄχι, δέν εἶναι.
6. Εἶναι χοντρή, κοντή καί ἄσχημη.
7. Λέγεται κ. Καρπούζας.
8. Μπαίνει στήν τάξη.
9. Σηκώνονται ἀμέσως.
10. Ἄ στό διάβολο.

VII. Translation:

1. Κάθε μέρα τό γκαρσόνι πηγαίνει στό γραφεῖο τοῦ κ. Παυλάκη.
2. Εἶμαι εἴκοσι χρονῶν.
3. Ἡ δεσποινίς Ἀφροδίτη εἶναι ὄμορφο κορίτσι.
4. Τί λένε οἱ μαθητές στήν τάξη;
5. Σέ ποιά τάξη εἶσαι;

I - Dialogue recall. See p. 59.

II - Vocabulary drill:

1. 'Η 'Ελλάδα, χώρα
2. 'Η πρωτεύουσα, 'Ιταλίας
3. 'Η 'Αλβανία, ἡ Πολωνία, ἡ Βουλγαρία, Εὐρώπη
4. νησιά, χωριά
5. Βόρεια, τήν 'Αφρική, Μεσόγειος θάλασσα
6. πόλη
7. Οἱ λαοί, Καναδᾶ, 'Αμερικῆς
8. Τό Βέλγιο, Δυτική Εὐρώπη

III - Singular-plural:

1. οἱ δάσκαλοι
2. ὁ χάρτης
3. τά μαθήματα
4. τά λάθη
5. τό κορίτσι
6. τά χέρια
7. ἡ πόλη
8. τό ἔθνος
9. οἱ πρωτεύουσες
10. ἡ ἐπαρχία

IV - Verb drill:

1. διάβασε
2. ἔγραψαν
3. ἀγόρασαν
4. δούλεψε
5. μάθαμε
6. ἀπαντήσατε
7. ἀγάπησε
8. χαμογέλασε, μίλησε
9. εἶπες
10. κάνατε

V - Possessive adjectives:

1. μου   6. σας
2. μου   7. τους
3. μας   8. της
4. σας
5. σου

VI - Adverbs:

1. καλά
2. σωστά
3. ὄμορφα
4. ἄσχημα
5. δυτικά

VII - General questions:

1. Οἱ γονεῖς μου λέγονται___
2. Τό πρωί
3. Εἶμαι ἀπό ____
4. 'Η Ρώμη
5. Εἶναι στήν ὁδό ___

Questions on the dialogue:

1. Φωνάζει τή Μαρία.
2. Μπροστά στό χάρτη.
3. Ναί, τό διάβασε.
4. Ναί τὄμαθε.
5. Ἔγραψε γιά τή Γαλλία
6. Στή Δυτική Εὐρώπη.
7. Βόρεια ἀπ'τήν 'Ισπανία καί δυτικά ἀπ'τή Γερμανία.
8. Εἶπε: 'Νότια ἀπ'τή Ρωσσία".
9. Μερικά.
10. 'Απάντησε σωστά.

VIII - Translation:

1. 'Η μητέρα φωνάζει τό παιδί της.
2. 'Ο πατέρας σηκώνεται καί πηγαίνει στό αὐτοκίνητό του.
3. Διάβασες τήν ἐφημερίδα σου;
4. Ἔμαθες καλά τό μάθημά σου;
5. Ἔγραψαν στούς γονεῖς τους;

I - Dialogue recall. See Demotic Greek, p. 71.

II - Singular-plural:

1. ἡ τάξη
2. τά πατώματα
3. ἡ σκάλα
4. τά σχολεῖα
5. τά γραφεῖα
6. οἱ ἐκκλησίες
7. οἱ δρόμοι
8. ἡ ὁδός
9. τό ἐστιατόριο

III - Verbs:

1. νά μιλήσω
2. νά γράψω
3. νά φάω
4. νά πῶ
5. νά πάω
6. νά ἀγοράσω
7. νά στρίψω
8. νά καταλάβω
9. νά τηλεφωνήσω
10. νά δῶ

IV - Pronouns:

1. τοῦ
2. τούς
3. τούς
4. τῆς

V - Changing sentences to the negative:

1. Ὁ πατέρας καί ἡ μητέρα δέν εἶναι τά παιδιά.
2. Ἡ φωτογραφία δέν εἶναι στό βάζο.
3. Ἡ κυρία Παυλάκη δέν ἀγοράζει φροῦτα ἀπ' τό γκαρσόνι.
4. Ἡ δεσποινίς Ἀφροδίτη δέν εἶναι ἡ γυναίκα τοῦ κυρίου
      Παυλάκη.
5. Ἡ Μαρία δέν εἶναι ψηλή κι ὄμορφη.
6. Οἱ Ἡνωμένες Πολιτεῖες δέν εἶναι βόρεια ἀπό τόν Καναδᾶ.
7. Δέν τοῦ μιλῶ.
8. Δέν θέλω νά τοῦ μιλήσω.

VI - General questions (possible answers):

1. Ναί, εἶμαι.
   Ὄχι, δέν εἶμαι μαθητής, εἶμαι μαθήτρια.

2. Δέν πηγαίνω στό περίπτερο νά τηλεφωνήσω, γιατί ἔχω
       τηλέφωνο στό σπίτι μου.
3. Τό μάθημά μας τελειώνει στίς _____.
4. Παίρνω τήν ὁδό _____.
5. Τό τηλέφωνό μου εἶναι _____.

Questions on the dialogue:

1. Δύο τό ἀπόγεμα.
2. Στό 2ο πάτωμα.
3. Ὄχι, τίς κατεβαίνει.
4. Πηγαίνει στό περίπτερο τῆς γειτονιᾶς.
5. Ναί.
6. Ἐμπρός, ἐδῶ γραφεῖο τοῦ κ. Παυλάκη.
7. Τόν πατέρα της.
8. Θέλει νά ξέρει ποῦ θά φᾶνε.
9. Στόν "Παράδεισο".
10. Κατάλαβε ἔτσι κ'ἔτσι.

VII - Translation:

1. Τελείωσε τό μάθημα.
2. Πηγαίνει κατ' εὐθείαν στό περίπτερο τῆς γειτονιᾶς.
3. Κύριε, θέλω νά ἀγοράσω μιά ἐφημερίδα.
4. Ἐμπρός, γραφεῖο τοῦ κ. Παυλάκη.
5. Λοιπόν, νά πᾶς στή γωνία καί νά στρίψεις ἀριστερά·
      μετά νά περπατήσεις ὡς τή Λεωφόρο Βενιζέλου καί
      νά στρίψεις δεξιά.

I - Dialogue recall. See <u>Demotic Greek</u>, p. 85.

II - vocabulary	III - pronouns	IV - tenses	V- verbs
1. πεινάει	1. μοῦ	1. θά ξεχάσουν	1. πᾶμε
2. φαγητό, φαΐ	2. μᾶς	2. θά δεῖ	2. πήγαμε
χορτάσαμε	3. μέ	3. θά πάω	3. ποῦμε
3. σούπα	4. σοῦ	θά κάνω	4. εἶπε
4. ντομάτα σαλάτα	5. Σ'	4. θά φέρετε	5. δοῦν
ἐλιές	6. μας	5. θά διαλέξουν	6. ἤπιε
5. γάλα		6. θά ἀνοίξουν	
		7. θά ἀγοράσω	

VI - General questions (possible answers)

1. Θέλω νά φάω . . .
2. Θέλω νά πιῶ . . .
3. Μποροῦμε νά ἔχουμε καλό φαΐ στό ἐστιατόριο "_____".
4. Ναί, μπορῶ νά διαβάσω τόν κατάλογο. Θά διαλέξω _____.
5. Ναί. Θά διαλέξω _____ καί _____.

Questions on the dialogue:

1. Ξέχασε ὅλες τίς ὁδηγίες.
2. Τό χωροφύλακα.
3. Νά πάρει παραγγελίες.
4. Μπριζόλες χοιρινές, ψάρι τῆς σχάρας, σηκότι τηγανητό,
       καί πολλά ἄλλα.
5. Τρίτη.
6. Τρεῖς μεγάλες γλώσσες.
7. Μιά μερίδα ταραμοσαλάτα, τυρί φέτα, ἐλιές, λίγες σαρδέλλες,
       καί ψωμί.
8. Ναί, διψᾶ.
9. Οἱ μεγάλοι θά πιοῦνε κρασί.
10. Ἡ Μαρία θά πιεῖ νεράκι.

I - 1. μέρα   6. ἐκκλησία   11. βλέπει   16. ψωμί
     2. σχολεῖο   7. δύο   12. τραπέζι   17. ποτῆρι
     3. τετάρτη   8. σπίτι   13. μπριζόλα
     4. προσευχή   9. πόρτα   14. φέτα
     5. γωνία   10. φωνάζει   15. τρεῖς ἐλιές

II - 1. πίνω   3. ἀπαντάει   5. μαθαίνω   7. μπορῶ   9. καταλαβαίνω
     2. τρώω   4. χορταίνω   6. βρίσκω   8. ἀκούω

III - 1. μαθαίνω   3. σκάλες   5. λάθος   7. ἐκκλησία   9. ἡσυχία
     2. προσευχή   4. θάλασσα   6. κράτος   8. γάλα   10. πληρώνω

IV - Translation

     Τῆ Δευτέρα ὁ δάσκαλός μου μοῦ εἶπε νά πάω στό Δημαρχεῖο. Ρώτησα τόν ἀστυφύλακα καί μοῦ ἔδειξε τό δρόμο. Δέν ἦταν μακριά ἀλλά πῆρα ταξί. Πήγαμε σέ μιά γειτονιά πού δέν τήν ἤξερα. Ἐκεῖ εἶδα τό Δημαρχεῖο ἀπέναντι ἀπό ἕνα ὅμορφο μεγάλο ταχυδρομεῖο.

V - Crossword

VI - 1. Ἡ Μαρία κοιτάζει τόν κύριο πού βρίσκεται στό περίπτερο.
     2. Ἡ Μαρία κοιτάζει τόν κύριο πού κάθεται στό περίπτερο.
     3. Ἡ Μαρία κοιτάζει τούς κυρίους πού κάθονται στό περίπτερο.
     4. Οἱ γυναῖκες κοιτάζουν τούς κυρίους πού κάθονται στό περίπτερο.
     5. Οἱ γυναῖκες ξέρουν τούς κυρίους πού κάθονται στό περίπτερο.
     6. Ἡ ἄσχημη δασκάλα μπαίνει στήν τάξη της.
     7. Ἡ ἄσχημη δασκάλα φεύγει ἀπό τήν τάξη της.
     8. Ὁ ἄσχημος δάσκαλος φεύγει ἀπό τήν τάξη του.
     9. Ὁ ἄσχημος δάσκαλος ρωτάει τήν τάξη του.
   10. Ὁ ἄσχημος δάσκαλος ἀγαπάει τήν τάξη του.

VII - 1. πολλά   2. πολλοί   3. πολλές   4. πολλοί   5. πολλούς
     6. Ἔχω μερικά χρήματα.
     7. Μερικοί τουρίστες πηγαίνουν στήν Ἑλλάδα.
     8. Μερικές γυναῖκες δέν εἶναι ὅμορφες.
     9. Μερικοί δρόμοι πηγαίνουν πρός τήν Ἀθήνα.
   10. Ἡ Θεσσαλονίκη ἔχει μερικούς μανάβηδες.

I - Dialogue recall. See __Demotic Greek__, p. 115.

II - Vocabulary	III - forms	IV-verbs	V-impft.
1. ποτήρια	1. Μοῦ ἀρέσει	1. ἀκοῦς	1. ἤμουν,
2. νόστιμο, πιπέρι,	2. Σᾶς ἀρέσει	2. λέτε	πήγαινα
ρίγανη	Σ' ἀρέσει	3. τρῶμε	2. ἦταν,
3. πιάτα, πηρούνια,	3. Σᾶς ἀρέσουν	4. μιλᾶς	πήγαινε
κουτάλια, μαχαίρια	Σ' ἀρέσουν	5. κοιτάζω	3. ἤμαστε,
4. μαγειρεύουν, λάδι	4. Τούς ἀρέσει		τρώγαμε
5. κάνει κρύο,	5. Τούς ἀρέσουν		4. ἤσουν
χιονίζει	6. Μᾶς ἀρέσει		5. ἔλεγαν
6. βρέχει,	7. Τῆς ἀρέσει		6. κάνατε
ἔχει λάσπες	8. Τοῦ ἀρέσει		
7. φυσάει ἀέρας	9. Σοῦ ἀρέσει		
8. ἔχει ἤλιο, κάνει	Σ' ἀρέσει		
ζέστη, ὁ οὐρανός,	10. Τῆς ἀρέσουν		
γαλανός			

VI-conditionals	VII-imperatives	VIII	IX
1. πήγαινα	1. ἀφῆστε	1. ἄς, ἄσε,	1. Νά ἀφήσεις
2. λέγαμε	2. ἀνοῖξτε	ἄφησε	2. Νά ἀνοίξεις
3. ἄρεσε	3. καθῆστε	2. ἄνοιξε	3. Νά καθίσεις
4. βλέπαμε	4. πάρτε	3. κάθισε,	4. Νά πάρεις
5. ἤμουν,	5. ἑτοιμάστε	κάτσε	5. Νά ἑτοιμάσεις
ἤθελα		4. πάρε	
		5. ἑτοίμασε	

X - negatives	XI-comparatives	XII-superlatives	XIII
1. Μήν ἀφήσεις	1. πιό κρύος	1. ἡ πιό χοντρή,	1. δικό μας,
2. Μήν ἀνοίξεις	2. πιό μεγάλη,	ἡ χοντρότερη	δικό σας
3. Μήν καθίσεις	μεγαλύτερη	2. ὁ πιό κακός,	2. δικός τους,
4. Μήν πάρεις	3. πιό ζεστός,	ὁ χειρότερος	δικό μας
5. Μήν ἑτοιμάσεις	ζεστότερος	3. τήν πιό λίγη,	3. δική της,
	4. πιό ψηλός,	τή λιγότερη	δική του
	ψηλότερος	4. ἡ πιό σωστή,	4. δική σου,
	5. πιό ἄσχημη,	ἡ σωστότερη	δική μου
	ἀσχημότερη	5. ὁ πιό καλός,	5. δικοί μας,
	6. περισσότερα,	ὁ καλύτερος	δικούς σας
	πιό πολλά		

XIV- General questions - possible answers
1. Ναί, μοῦ ἀρέσει πολύ. ... "Οχι, δέν μοῦ ἀρέσει.
2. Κάνει κρύο. Κάνει ζέστη. Κάνει καλό καιρό. Συννεφιάζει.
           Χιονίζει. Καθαρίζει ὁ οὐρανός. Βρέχει.
3. Σκοτεινιάζει στίς _____.
4. "Εχουμε Γενάρη ('Ιανουάριο).
5. "Εχουμε τέσσερις ἐποχές.
6. 'Η καλύτερη ἐποχή εἶναι ἡ ἄνοιξη.

Questions on the dialogue:

1. Ναί.	6. Τηγανητή.
2. "Αν εἶχε πιό πολύ σκόρδο.	7. Πιάστε τά πηρούνια.
3. Τῆς μητέρας τό φαγητό.	8. Θέλει νά φᾶνε γρήγορα, νά
4. Στήν Κρήτη.	φύγουν.
5. "Ετρωγε γλώσσα.	9. Γιατί βρέχει ἔξω.
	10. Τό λογαριασμό.

I - Dialogue recall. See <u>Demotic Greek</u>, p. 133.

II - vocabulary
1. φίλους
2. ἀναχώρηση
3. ἀεροδρόμιο, τούς ἐπιβάτες, ἀεροπλάνου
4. Οἱ πεζοί, πράσινο φῶς
5. σταθμός, ἀποχωρητήριο (τουαλέτα)
6. Ἡ βενζίνη, ἀκριβή, φτηνό
7. μηχανικός, γκαράζ, ξεκουράζεται
8. πρέπει, κρατήσεις θέση

III-passives
1. πληρώθηκε
2. κουράστηκε
3. χαθήκαμε
4. σηκώθηκαν
5. ἦρθαν

IV
1. κοιμηθῆτε
2. καθίσεις
3. γίνει, φάμε
4. βρεθῶ
5. 'ρθῶ, πῶ

V
1. χάνετε, χάνεται
2. Πηγαίνουμε πληρώνομαι

VI-tenses
1. εἶδα, δῶ
2. ἤρθαμε, ρθοῦμε
3. βρῆκαν, βροῦν
4. ἔβρισκαν
5. βλέπατε

VII-imperatives
1. Λέτε (Λέγετε)
2. Διαβάζετε
3. Βλέπετε
4. Ἀκοῦτε
5. Προσέχετε

VIII
1. βγῶ, πιῶ
2. 'ρθῶ, δῶ
3. μπῶ, πῶ
4. 'ρθῶ, βρῶ

IX
1. βγεῖτε, πιεῖτε
2. 'ρθεῖτε, μέ δεῖτε
3. μπεῖτε, πεῖτε
4. 'ρθεῖτε, μέ βρεῖτε

X-real conditions
1. βγοῦμε, πιοῦμε
2. ἔρθουμε, δοῦμε
3. μποῦμε, ποῦμε
4. ἔρθουμε, βροῦμε
5. καθίσουμε
6. ἀκούσουμε, ποῦμε
7. πᾶμε, τηλεφωνήσουμε

XI-subjunctives
1. καταλάβω
2. ἔρθει
3. φᾶμε
4. περπατήσεις
5. ξεκουραστοῦμε

XII-Answer in Greek

General questions
1. "Οχι, εἶναι ἀκριβή.
2. "Εχω _____ φιλενάδες.
3. "Αν πάω στήν 'Ελλάδα, θά πάω μέ _____.
4. "Εχουμε τήν περισσότερη κίνηση στίς _____.
5. Στάση, παρακαλῶ.

Questions on the dialogue
1. Στόν κ. Παυλάκη.
2. Γιατί ἔχασε ἤ ξέχασε τό πορτοφόλι του.
3. 'Ο Νίκος.
4. Γιατί κουράστηκε καί θέλει νά κοιμηθεῖ.
5. Στή φιλενάδα της.
6. Βρέχει μέ τόν κουβά.
7. Νά πάει στό μέρος.
8. "Ενα εἰσιτήριο γιά τή Φιλοθέη.
9. "Οχι.
10. Νά βγεῖ στήν ἄλλη στάση.

I - Dialogue recall. See <u>Demotic Greek</u>, p. 151.

II - vocabulary

1. Τό φαρμακεῖο, νοσοκομεῖο
2. πονοκέφαλο, ἀσπιρίνη
3. γιατροί, νοσοκόμες
4. πονόδοντο, ὀδοντογιατρό
5. καρδιολόγος, τῆς καρδιᾶς
6. δερματολόγος, τοῦ δέρματος
7. Τά πόδια, ὁ λαιμός, τό
   κεφάλι, τά χέρια, τοῦ
   σώματος
8. παντελόνι, πουκάμισα,
   κόκκινες κάλτσες

III - reflexives

1. τόν ἑαυτό μου
2. τόν ἑαυτό τους
3. τόν ἑαυτό της
4. ἑαυτό του
5. στόν ἑαυτό σας

IV - imperfects

1. μπορούσα
2. ρωτοῦσες, ἀπαντοῦσε
3. φυσούσαμε
4. ξεχνοῦσατε.

V

1. μπορούσε,
   τελείωνε
2. ἔδιναν,
   κρατοῦσα
3. ἀγαποῦσα,
   ἔλεγα

VI - Answer in Greek. General questions

1. Γεννήθηκα στίς _____.
2. "Οχι.
3. "Οχι, μονάχα τά μικρά παιδιά βάζουν τά κλάματα.
4. Πηγαίνουμε στό θέατρο, ἤ τηλεφωνοῦμε.
5. "Οχι, δέν θά μοῦ ἄρεσε περισσότερο.
6. Θά πήγαινα _____.
7. Μέ λένε _____.
8. Εἶμαι _____ χρονῶν.
9. Εἶμαι ἀπό _____.
10. Μένω _____.
11. Ὁδός _____, ἀριθμός _____.
12. Εἶμαι σίγουρος.
13. "Οχι, δέν φοβᾶμαι τούς ἀστυνόμους.
14. Μάλιστα, μπορῶ.
15. Ναί, βιάστηκα πολύ.

VII - Matching words

πόδια	κάλτσες
κεφάλι	καπέλο
μάτια	γυαλιά
σῶμα	πουκάμισο
λαιμός	γραβάτα
βάζο	λουλούδια
ποτήρι	γάλα
φλυτζάνι	καφές
πονοκέφαλος	ἀσπιρίνη
νοσοκομεῖο	νοσοκόμα
φαρμακεῖο	φάρμακα
λεωφορεῖο	ἐπιβάτης
χειμώνας	χιόνι
δρόμος	πεζός
ἁλάτι	πιπέρι
συννεφιάζει	βρέχει
πορτοφόλι	λεφτά
ἐκκλησία	παπάς
κοιλόπονος	εὐκοιλιότητα
ἄνοιξη	ἥλιος

I - Possible answers.

Picture A

1. Βλέπω ἕναν ἄντρα στό κρεββάτι, μιά νοσοκόμα, ἕνα θερμόμετρο, ἕνα ποτήρι νερό καί ἀσπιρίνες.
2. Ναί, εἶναι ἄρρωστος.
3. Τοῦ βάζει τό θερμόμετρο.
4. ῞Οταν ἔχουμε πονοκέφαλο.
5. Στό φαρμακεῖο.
6. ῾Ο φαρμακοποιός.
7. Εἶναι ἀκριβά.
8. ῎Οχι.

Picture B

1. ῞Ενα μεγάλο νοσοκομεῖο, μέ μεγάλες σκάλες, παράθυρα, μιά μεγάλη πόρτα καί ἕνα αὐτοκίνητο « Πρώτων Βοηθειῶν » .
2. Γιατί ἔχει πολλά δωμάτια.
3. Στό Νοσοκομεῖο.   4. Μέ τό Πρώτων Βοηθειῶν.
5. Δουλεύουν γιατροί καί νοσοκόμες.
6. Πηγαίνεις στό δερματολόγο.
7. Στόν καρδιολόγο.   8. Στόν ὀδοντογιατρό.
9. Στόν παθολόγο.   10. ῎Οχι.
11. ῎Οχι.   12. Καλά ἤ πεθαμένοι.   Compare
                                         the verb πεθαίνω

Picture C

1. Τό λογαριασμό τοῦ νοσοκομείου.
2. **Εἶναι ἑκατόν πενῆντα χιλιάδες δραχμές.**
3. Εἶναι μεγάλος.
4. Πληρώνει γιά δωμάτιο, φάρμακα, νοσοκόμες, γιατρούς, φαγητό, ἐνέσεις, **ἀντιβιοτικά, χάπια, κ.τ.λ.**
5. Μιά νύχτα στό νοσοκομεῖο.

Picture D

1. Γιατί εἶδε τό λογαριασμό.
2. ῾Ο γιατρός.
3. ῾Ο καλός γιατρός ἔχει ὑπομονή, ξέρει καλά τήν δουλειά του, εἶναι προσεχτικός, δέν κάνει λάθη, εἶναι σίγουρος, χαρούμενος, καί φτηνός.
4. ῾Ο μή καλός γιατρός, κάνει πολλά λάθη, δέν ξέρει τή δουλειά του, δίνει τό ἴδιο χάπι γιά ὅλες τίς ἀρρώστειες καί εἶναι ἀκριβός.

II - A	B	A	B
1. καθαρίζω	λερώνω	7. πουλῶ	ἀγοράζω
2. ἀρχίζω	τελειώνω	8. κάθουμαι	σηκώνομαι
3. κατεβαίνω	ἀνεβαίνω	9. θυμᾶμαι	ξεχνῶ
4. χάνω	βρίσκω	10. μπαίνω	βγαίνω
5. παίρνω	ἀφήνω	11. ξεκουράζομαι	κουράζομαι
6. φεύγω	ἔρχομαι		

III -

1. τηλεφώνησε	5. θέση	9. ἀεροπλάνα	13. κατέβηκε	17. κίνηση
2. θάλασσα	6. ἀεροδρόμιο	10. γκαράζ	14. σταυροδρόμι	18. τρέχει
3. βαπόρι	7. κοίταξε	11. βενζίνη	15. κλάματα	19. κόκκινο φῶς
4. λεωφορεῖο	8. παράθυρο	12. ὁδηγός	16. γαϊδουράκι	20. ἀστυφύλακες

IV - Translation.

     Persephone Melon has a cousin named Paraskevoula Watermelon.
She lives in Holy Trinity, which is a village outside of
Thessaloniki.

     One day Persephone telephoned Paraskevoula and told her to
come to the city. Holy Trinity is near the sea and Paraskevoula
could go to Thessaloniki either by boat or by bus.

     Since she is afraid of the sea she took the bus. It was full
of passengers, but she was able to find a seat. In a little while
the bus passed by the airport. Paraskevoula looked out of the window,
and saw many big airplanes ready to take off. "My, oh my," she said
to herself," how much I would like to be in one myself! "

     The bus continued up to a garage in order to get gasoline. But
when the driver was ready to leave, he couldn't start the bus.
Paraskevoula got off and went to the intersection. "Wow," she said,
"what a mess I'm in," and she burst into tears. Suddenly, however,
she saw a donkey. She took it and left. They arrived in Thessaloniki.
The traffic there was heavy. The donkey got frightened: it began to
run and it went through a red light. Everyone -- drivers, pedestrians,
and policemen -- shouted at her, but Paraskevoula was flying as
though she was in an airplane.

V - See original Greek passage.

VI - 1. Θά πληρώναμε ἄν βλέπαμε τό γκαρσόνι.
     2. Πλήρωσε ἄν δεῖς τό γκαρσόνι.
     3. Θά ἀπαντούσαμε ἄν χτυποῦσε τό τηλέφωνο.
     4. Ἀπάντησε ἄν χτυπήσει τό τηλέφωνο.
     5. Θά πηγαίνατε ἔξω ἄν δέν ἔβρεχε.
     6. Πήγαινε ἔξω ἄν δέν βρέξει.

VII - 1. Εἴπαμε στόν ἑαυτό μας, ὅτι οἱ δικές μας ἰδέες εἶναι οἱ καλύτερες.
     2. Εἴπαν στόν ἑαυτό τους, ὅτι οἱ δικές τους ἰδέες εἶναι οἱ καλύτερες.
     3. Εἴπατε στόν ἑαυτό σας, ὅτι οἱ δικές σας ἰδέες εἶναι οἱ καλύτερες.

I - Dialogue recall. See <u>Demotic Greek</u>, p. 179.

II-vocabulary

1. Ἡ κρεββατοκάμαρα, κρεββάτια
2. σεντόνια, κουβέρτα
3. ἀργεῖ, ξυπνήσει, τίς
   πιτζάμες, τίς παντόφλες,
   πάτωμα.
4. κωμωδία, τραγωδία
5. Τά φῶτα, ἡ αὐλαία, οἱ ἠθοποιοί,
   ἡ παράσταση

III-participles

1. τρέχοντας
2. κλαίγοντας
3. γελώντας

IV-tenses

1. εἶχε γυρίσει
2. εἶχαν κοιμηθεῖ
3. εἶχε ἀρχίσει

V-object pronouns

1. Μοῦ
2. ἐμένα
3. Μᾶς
4. ἐμᾶς
5. Τούς
6. αὐτούς
7. Σᾶς
8. ἐσᾶς

VI

1. Τῆς
2. της
3. Τούς
4. τους
5. Μοῦ
6. μου

VII

1. Τῆς τό
2. τής το
3. Τούς τόν
4. τους τον
5. Μοῦ τήν
6. μου την

VIII-tenses

1. ἔδινε
2. κλαῖτε
3. ἀνέβαινα
4. κατεβῶ
5. γελούσαμε
6. κλαίγαμε
7. δώσουμε
8. Βοηθῆστε
9. κλάψω
10. συμφωνεῖ

IX. Answer in Greek. General questions (possible answers)

1. "Οχι, δέν παίζω μπουζούκι.
2. Ναί, ἔπαιξα ἔξω χτές.
3. "Οχι, δέ συμφωνῶ ποτέ μέ τούς γονεῖς μου.
4. "Οχι, δέν θά κλάψω.
5. 'Αποφάσισα νά μείνω ἐδῶ.

Questions on the dialogue

1. Ναί, ἄργησε.
2. "Επλενε τά πιάτα.
3. "Ηθελε νά βοηθήσει τή μητέρα.
4. Στό θέατρο.
5. "Οχι.
6. Γιατί δέν θέλει νά κλάψει.
7. Ὁ Νίκος καί ἡ Μαρία.
8. Τίς "Ο ρ ν ι θ ε ς τοῦ 'Αριστοφάνη.
9. Μπράβο. Φύγαμε κιόλας.
10. Τά μαρμαρένια σκαλοπάτια.
11. Κοιτάζοντας δεξιά καί ἀριστερά.
12. Θέση.
13. Μαξιλάρια.
14. "Οταν οἱ ἠθοποιοί μπαίνουν στή σκηνή.

I - Dialogue recall. See <u>Demotic Greek</u> , p. 191.

II-vocabulary

1. οὖζο, τῆς ζωῆς
2. ρετσίνα, ψωμί
3. Τό ζαχαροπλαστεῖο, παγωτό
4. ἀκριβότερη (πιό ἀκριβή), τῆς Ἑλλάδας
5. μελαχρινές, νοστι-μότερες (πιό νόστιμες), ξανθές
6. Ἡ ὀρχήστρα, χορεύει
7. πλάκες (δίσκους) γραμμόφωνο, ταινίες, μαγνητόφωνο
8. νέα, ραδιόφωνο
9. τραγουδᾶς
10. πρόφτασα

III

1. πῶς
2. Πῶς
3. πώς (ὅτι)
4. πού (ὅτι, πώς)
5. πού
6. πού (ὅτι)
7. ὅτι

IV

1. ἐκεῖνο
2. ἐκεῖνες
3. ᾿κείνους

V-adjectives

1. φαρδύς
2. βαρύ
3. παχιές
4. βαριά
5. φαρδιά

VI

1. βγῆκαν
2. βγοῦν
3. Ἔβγαινες
4. βγῶ
5. βγαίναμε (βγαίνατε, ἔβγαιναν)

VII

1. θυμήθηκα
2. θυμηθεῖς
3. θυμήσου
4. θυμόμουν
5. θυμόμαστε

VIII

1. ἔρχονταν
2. φοβόμουν
3. λυπόμασταν
4. Καθόσασταν
5. κουραζόταν
6. βρισκόσουν

IX

1. ἐρχόταν ἀνησυχοῦσαν
2. εἶχε, πήγαινε
3. ἔβρισκα, βρισκόμουν
4. ἔκλαιγε, κρατοῦσες
5. ἔπαιζε, χόρευε, τραγουδοῦσε

X

1. ὑπάρχει
2. ὑπῆρχαν, ὑπάρχουν

XI -Questions on the dialogue

1. Στήν ταβέρνα "Βάκχος".
2. Στήν Πλάκα.
3. Ναί, γύρισαν στό σπίτι.
4. Γιά νά κοιμηθοῦν.
5. Γιατί ἔχει τό καλύτερο μπουζούκι.
6. Ναί, εἶναι φτηνή.
7. Ναί, ἐρχόταν τακτικά.
8. Ναί, εἶναι ἀκριβές.
9. Τούς μύρισαν τά σουβλάκια.
10. Ἡ τραγουδίστρια.
11. Χειροκρότησαν.
12. Ὄχι, εἶναι ὡραία.
13. Νομίζει ὅτι εἶναι πετσί καί κόκκαλο.
14. Ἀρχίζει ἡ Μεγάλη Ἑβδομάδα.
15. Θά ἔχουν νηστεία.
16. Ναί.
17. Ὄχι.
18. Γιατί θέλει νά φτάσει νωρίς στό σπίτι της.
19. Γιατί τό πλήρωσαν.

I - Dialogue recall. See Demotic Greek, p. 207.

II

1. 'Η κότα, τό αὐγό
   τό αὐγό, τήν κότα
2. ἀσημένιες εἰκόνες,
   κεριά
3. σπάσουμε
4. ράσο
5. Κάνε ὑπομονή,
   φωτιά
6. παππούς, γιαγιά
7. πουλᾶ, πολλά,
   πουλιά

III

1. Μίλα
2. Μίλησε
3. Γλέντα
4. Γλέντησε
5. Χαμογέλα
6. Χαμογέλασε
7. Κράτα
8. Κράτησε

IV

1. Σώπα
2. σωπάσεις
3. σώπαινες
4. σώπαινα
5. σώπασα

V

1. Σκέψου
2. Θυμήσου
3. βιαστεῖτε
4. Κοιμήσου
5. 'Ετοιμάσου

VI

1. φῶτα
2. φῶς
3. φωτός

VII

1. τό ὁποῖο
2. τούς ὁποίους
3. τά ὁποῖα
4. τίς ὁποῖες

VIII QUESTIONS

1. Ναί.
2. 'Από ___ ___
3. Ναί, πολύ.
4. "Οχι, δέν 'νηστεύει.
5. Στή στάση.

Questions on the dialogue

1. Στήν ἐκκλησία.
2. "Ασπρες λαμπάδες.
3. Στήν τσέπη τους καί στήν τσάντα τους.
4. Γιατί πεθαίνει ἀπό πείνα.
5. Ψάλλουν.
6. Πεινῶ μαμά.
7. Κράτα τήν ὄρεξή σου.
8. Γιατί ὁ κόσμος ἀκούει.
9. Σβήνουν τά φῶτα.
10. 'Από τό ἱερό.
11. 'Ανάβει τό πρῶτο καντήλι.
12. Φωτίζεται ὅλη ἡ ἐκκλησία.
13. Μαζεύεται στήν αὐλή.
14. Δυνατά.

I - Dialogue recall. See <u>Demotic Greek</u> , p. 219.

II

1. πεθερά, ἀντρόγυνο

2. γέρος, πλούσια, νέος

3. ξάδερφός, γνωρίζει
   νεαρές

4. νύστα

5. περιμένει, γάτες

6. σκύλος

III

1. φτάσουν

2. κατάφερε

3. καταφέρουμε

4. ἔφτανες

5. κατάφερνα

IV Questions

1. Ναί, ἔχω.

2. Ναί, εἶμαι

3. Θαῦμα!

4. Ναί, λυποῦνται.

5. "Οχι, ἀλλά θέλω νά μάθω.

Questions on the dialogue

1. Νά παντρευτοῦν.

2. "Ολους τούς συγγενεῖς καί φίλους.

3. Γιατί θά ἦταν ἡ κουμπάρα.

4. Μεγάλη χαρά.

5. Γιατί θά ἔβλεπε τό γιό του παντρεμ-
   μένο

6. Γιατί θά ἔχανε τό μονάκριβο γιό της.

7. Τό Εὐαγγέλιο.

8. "Οχι.

9. "Οχι, τά ἔκανε θάλασσα.

10. "Οταν ἄλλαζε τά στέφανα.

11. Χορεύουν τό χορό τοῦ Ἠσαΐα.

12. Ρίχνουν ρύζι καί κουφέτα.

13. 'Η 'Αφροδίτη.

14. 'Ο Νίκος

15. Ξαναμαζεύει τό ρύζι καί τά κουφέτα καί τά
    ξαναπετᾶ στούς καλεσμένους.

I -

1. φάω   4. γιατρό   7. πληρώνω   10. αὐγά
2. τρώω   5. μεθῶ   8. ἐκκλησία   11. θάλασσα
3. μιλῶ   6. κλαίω   9. παντρεύονται

II -

1. "Αντρας: Ξέρει ὅτι οἱ γυναῖκες κάνουν λάθη.
2. Δάσκαλος: Μᾶς δείχνει τά λάθη μας.
3. Ζωή: "Αν καί εἶναι γεμάτη λάθη εἶναι γλυκιά.
4. Πατέρας: 'Αγαπάει τά παιδιά του μέ τά λάθη τους.

III -

Μιά μέρα ἦρθε στό Νίκο ἡ ἰδέα νά πάει στό

θέατρο. 'Αποφάσισε νά δεῖ τραγωδία. "Οταν ὅμως ἔφτασε ἐκεῖ βρῆκε

ὅτι ἔπαιξαν κωμωδία. 'Αγόρασε εἰσιτήριο καί ἕνα

μαξιλάρι καί ἀνέβηκε στή θέση του. Κοντά του

ἦταν μιά γριά πού γελοῦσε μέ τήν καρδιά της.

'Ο Νίκος ἀντί νά βλέπει τή σκηνή ἔβλεπε τή γριά καί ἄρχισε

νά γελάει μαζί της. "Οταν οἱ ἠθοποιοί ἄρχισαν ξαφνικά

νά χορεύουν στή σκηνή, ὁ Νίκος, ξεχνώντας ὅτι ἦταν στό

θέατρο, παίρνει τή γριά καί χορεύει μαζί της

στά σκαλοπάτια.

IV -

A   Truth without lies; food without salt.
B   See no evil, hear no evil, speak no evil. (Literally: Look, hear, be silent.)
Γ   Two make a marriage. (Literally: A wedding without a groom cannot happen.)
Δ   Choose your wife on Saturday and not on Sunday in church.
E   Come and see miracles: Christ is selling lemons.
Z   Do you eat to live or live to eat

H   The beginning determines the end. (Literally: A good day is apparent from the beginning.)

Θ   Our turn will come.
Ι   Look straight ahead and you won't fall.
Κ   It is better that the child cries than the mother.
Λ   God helps those who speak the truth. (Literally: Speak the truth in order to have God as help.)
Μ   Absence breeds forgetfulness. (Literally: Eyes that do not see each other are forgotten.)
Ν   You could knock him over with a feather. (Literally: If you were to blow on him, he would fall.)
Ξ   A dog knows his master.
Ο   All that glitters is not gold.
Π   Tell me who your friends are and I'll tell you who you are.
Ρ   Idle talk passes time. (Literally: Question me so that I can question you, and we can pass the time.)
Σ   They get along like cats and dogs. (Literally: A dog and a cat do not become friends.)
Τ   Appetite comes in eating.
Υ   After Christ all prophets are jackasses.
Φ   Friend, when I see you, then I remember you.
Χ   It's easy to get lost in a crowd. (Literally: The mother loses the child and the child the mother.)
Ψ   We have no bread and we want artichokes.
Ω   As quick as you may say "Jack Robinson." (Literally: Before you can say "pop" it's done.)

V - Possible answer:

Καλύτερα νά κλάψει τό παιδί παρά ή μάνα.

Πολλές φορές ή μητέρα μαλώνει τό παιδί της. Αὐτό τό κάνει ἀπό μεγάλη ἀγάπη, ἐπειδή θέλει τό παιδί της νά γίνει τό καλύτερο, ὅταν μεγαλώσει. Αὐτή ή ἀγάπη τήν κάνει νά μαλώνει τό παιδί της τώρα πού εἶναι μικρό γιατί θέλει νά τοῦ διδάξει τό καλό καί τό κακό, τό δίκιο καί τό ἄδικο. Ἀργότερα θά εἶναι πολύ ἀργά. "Αν δέν μάθει τό παιδί ὅταν εἶναι μικρό, ή μητέρα θά κλαίει ἀργότερα.

VI - Possible answers:

1. Καλύτερα ἀργά παρά ποτέ.
2. Πολλοί μάγειροι χαλᾶν(ε) τή σούπα.
3. "Ο,τι εἶναι ὁ πατέρας εἶναι καί ὁ γιός.
4. Τό φροῦτο δέν πέφτει μακριά ἀπ'τό δέντρο.